本书是 2020 年云南省高层次人才培养支持计划"青年拔尖人才"专项、国家社会科学基金项目"基于农民合作社的西南边疆民族地区返贫阻断机制研究"（19BSH153）的阶段性研究成果。

反贫困治理

农民合作社发展研究

李正彪　邵慧敏　著

Anti- Poverty Governance

The Development of Farmers'
Cooperatives

社会科学文献出版社
SOCIAL SCIENCES ACADEMIC PRESS (CHINA)

前　言

　　农民合作社具有天然的益贫性，以合作社为主流形式的农村合作组织为中国农村的减贫事业提供了极为可取的发展路径。现实的窘境是合作社的发展速度很快，但发展质量并不令人满意。为此，本书基于可持续发展、政策协调、利益相关者等理论，采用案例分析、问卷调查、半结构访谈等方法对反贫困治理及合作社发展问题进行了研究。具体研究如下：剖析了农民合作社的反贫困作用机制；厘清了加入合作社对农民收入的影响；明晰了农民合作社的反贫困绩效；探讨了脱贫攻坚完成后原贫困社员是否愿意继续参加合作社的问题；考察了农民合作社的成员异质性及其对合作社收益分配控制权归属的影响；分析了内部信任对合作社整体绩效的作用，探析了关系信任、制度信任对合作社绩效的作用比例；构建了农民合作社可持续发展能力评价指标体系。本书通过研究得出了以下结论。

　　（1）加入合作社对不同收入农民的影响呈线性递减的特征，即对低收入农民的影响最大，而对中高收入农民的影响较小，且低收入农民的受益程度远高于其他农民。

　　（2）农民合作社具有一定的益贫功能，但该功能有待提高。同时，示范级别合作社的反贫困绩效也有待提高。

　　（3）年龄、参加合作社培训的次数是影响原贫困社员是否继续参加农民合作社的显著因素。

　　（4）农民合作社的成员异质性主要体现在理事会成员与普通成员之间的受教育程度、经营规模、社会活动能力、在合作社内的出资、在合作社内的角色等方面。

（5）信任对合作社的绩效有正向显著影响，社员个体、其他社员、社长及合作社组织等因素能够对合作社内部信任产生影响。

（6）为了提升农民合作社的治理效率，要大力发展股份制合作社，强化内部激励机制，用理事会民主决策代替社员民主决策，完善合作社的监督机制等。

（7）制约农民合作社可持续发展的因素主要有融资难、办公场所不正规、不重视合作社章程编写、利益分配机制不完善等。

本书鉴于当前合作社普遍异化的客观事实，拓宽了反贫困治理的研究视角，丰富了反贫困治理的理论内涵，对合作社发展理论和组织内部信任理论也有相应的贡献。研究结果不仅能为政府的制度建设和合作社的规范发展提供决策依据，还可为防范返贫的路径选择提示方向。

目　录

第 1 章

农民合作社与反贫困

1.1 农民合作社的内涵与性质

农民合作社是市场经济条件下发展适度规模经营和现代农业的有效组织，有利于提高农业科技水平、农民科技文化素质和农业综合效益。

1.1.1 农民合作社的内涵

依据合作社的概念和原则，我们可从该组织是不是经济实体、社员是不是独立的生产者、所有者和惠顾者身份是否同一、该组织是否谋求社员利益最大化四个方面来判定一个组织是不是合作社。中国各类农民组织的具体识别可参见图 1 – 1。

随着城镇化的快速推进和农村劳动力的大量转移，农业规模化经营快速发展农民对合作的内容、层次和形式的需求呈现多样化的态势，同时农民对合作社所提供服务的需求也日益多元化，不再局限于同类农产品或者同类农业生产的经营服务范围，故笔者将从事专业合作、股份合作、信用合作等各种类型的合作社统称为农民合作社。

1.1.2 农民合作社的性质

农民合作社是我国特殊背景下的产物，国外没有和它完全匹配的合作社组织。不过，国外对其性质的界定可为国内研究提供参考和借鉴。西方

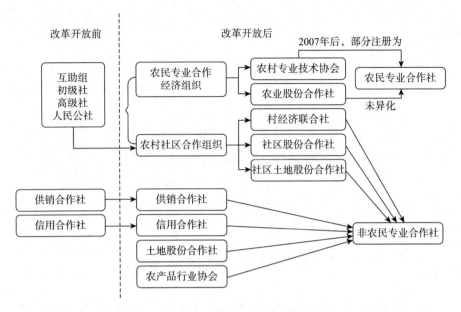

图 1-1　中国各类农民组织的识别与判定

学者按性质主要将合作社界定为以下三种：企业、契约集和追求效用最大化的亚群体联盟。我国学界针对合作社的性质主要形成了集体经济组织学说（韩育良，1990；马俊驹，2007）、企业说（徐旭初，2012；黄胜忠，2015）、法人说和法律地位多元说（谭启平，2005；梁巧、黄祖辉，2011）。国内大部分学者是把合作社看作法人，不过他们确定的法人类型有一定的差异，主要有社团法人说（张俊浩，1994；王艳林，2001）、非营利法人说（崔晓红、张玉鑫，2017）、合作社法人说（李慧雯，2016）、特殊法人说（宫哲元，2014）和营利法人说（左云鹤，2013）等。

近年来，众多学者开始关注合作社的性质问题，将其作为研究的重点，即合作社与其他组织到底存在怎样的差异，但是目前对合作社性质的界定仍然没有达成共识，研究尚处于探索阶段。基于学术界关于合作社性质的各种观点、合作社与公司等一般企业法人存在的差异及中国的本土特色，本书将农民合作社定性为特殊的企业法人，即政府扶持的自治自律互助式农业企业法人。农民合作社的自治自律并非没有界限，它必须在农民合作社法律划定的框架内进行。为充分保障合作社的自治性质，农民合作社治理应主要由合作社自主决定，法律并不一般性地干预合作社治理中的具体活动，但法律在其中具有重要作用，如提高信息披露水平、保持合作社社员谈判的可能性和约束他们之间不守信用的行为。

1.2 国内外农民合作社的发展历史

各国的国情不同，农业发展模式也有很大区别，但一个通行做法就是通过设立各种各样的农业合作经济组织来解决农业发展中的难题，促进农产品的生产与销售。在这些农业合作经济组织中，农民合作社（在一些国家称为农业协会或类似名称）是最重要的一种形式。

1.2.1 农民合作社理论发展

合作社的理论渊源久远，19 世纪上半叶，法国、英国等国家的学者将合作社作为研究对象，并创立了合作经济思想。20 世纪以后，西方经济学家从不同方向对合作社做了一些理论研究。经过一个多世纪的发展，合作社理论不断完善，研究领域也不断扩大。

1.2.1.1 空想社会主义的合作经济思想

早在 19 世纪初，法国思想家克劳德·昂利·圣西门、夏尔·傅立叶和英国空想社会主义学家罗伯特·欧文等在理想社会的探索构建中就蕴含了合作经济的思想，他们关于合作经济方面的观点为之后合作经济的发展奠定了理论基础。他们继承了空想社会主义前辈对资本主义的批判和对未来社会的理想，而且在一定程度上接受了法国的唯物主义，以及黑格尔的辩证法思想，因此他们的空想体系和内容更加完善、丰富，从而把空想社会主义推进到最高阶段。

傅立叶设计了一种叫作"法郎吉"的"和谐制度"，它的主要内容有以下四点。第一，合作所有制。他不主张废除私有制，即"法郎吉"承认财产私人所有，并以股权的形式保留财产私有权，但他又强调这些私有财产由"法郎吉"全体成员共同使用。第二，人人参加劳动，男女平等。他提出在"法郎吉"内部实行大规模的协作生产，并按专业划分劳动单位，提倡工作轮换制。第三，以农业生产为主，兼办工业，这是一种工农结合的社会基层组织。第四，收入通常是按劳动、资本、知识的付出比例进行分配。欧文继承并发展了空想社会主义的合作社思想萌芽，提出了建立合作公社的设想，并进行了大胆的试验，使空想社会主义的合作社思想系统化并变成了暂时的现实。欧文是空想社会主义合作社思想的集大成者，他把生产和消费的协调作为理想的社会原理，提出了以多数的统一合作村为单位的理想社会的构想。他主张建立新和谐村，并把失业者组织起来。每个合作村购买或长期租用一方土地，面积视土壤条件和农业与工业的相互关系而定。各个合作村以经营农业为主，以工业为辅助和补充，组成独立的自给自足的经济单位。在这里，除消费品以外，没有私有财产，人们共同参与生产和分配，共同服务的精神支配每一个人的行动，生产的目的是直接满足全体成员的物质和文化生活需要。欧文不仅创建了系统的合作社理论，而且还是合作社的实践家。欧文把他的劳动公社看成改造旧社会制度的一个重要途径和建立未来社会的组织形式，并进行了大胆的试验。虽然他的一系列试验都失败了，但他的思想直接影响着后来的合作运动领导人。他们的初衷是好的，然而实现这一目标的途径是带有空想色彩的。

1.2.1.2 马克思、恩格斯的合作社理论

马克思、恩格斯经典文本中有大量关于合作社历史作用的论述，相关论述高度评价了合作社的伟大历史作用，指出合作社的兴起与发展是改造资本主义社会的一种重要力量，是吸引农民参加工农联盟夺取无产阶级革命胜利的重要形式和途径，是无产阶级专政建立后向共产主义社会过渡的中间环节。马克思、恩格斯关于合作社历史作用的阐释，从提高认识、推进组织创新和优化合作社治理等层面，对当前新型合作社的健康发展提出了更高的要求。

马克思、恩格斯关于农业合作社的基本理论表现在以下几点：第一，对于小农，要把他们的私人生产和私人占有变为合作社的生产和占有；第二，通过合作社改造小农不应采用暴力，而应通过示范和提供社会帮助的形式；第三，引导中农、大农入社，逐步消除雇工剥削；第四，剥夺大土地所有者的土地所有权。

1.2.1.3　20世纪进化派的合作社思想

进化派认为合作社是资本主义体系的一个组成部分，认为合作社是资本主义内部的一种进化发展，这一派的最终目标是完善资本主义制度，受这一派影响的合作社往往更注重合作的经济方面，较少注重社会目标。20世纪20～30年代美国发生农业危机，由此引发了西方合作经济运动，其中涌现出的萨皮罗学派和以诺斯为代表的市场竞争标尺学派是合作社思想进化派的主要代表。他们对农民合作经济组织进行了专门研究。萨皮罗认为农民加入农场主合作社以后，可以借助合作社实现产品的统一销售，从而提高收入，也能够形成单一农产品的市场垄断，通过发展销售合作社来提升农场主的谈判地位，从而调节市场上农产品的供需状况。市场竞争标尺学派把合作社运动视为抑制资本主义阴暗面的手段，反对农产品市场的垄断，认为合作社进入市场以后应与其他的企业或者投资者形成竞争关系，合作企业应迫使那些追逐利益的企业受到一定的约束，合作社应纠正资本主义制度的种种谬误，起到平衡作用，从而提高整个市场的效率。

1.2.1.4　20世纪改革派的合作社思想

改革派把合作社视为对资本主义经济体系的改革，将其作为一种重新分配收入与财富，消除或协调劳动与经营、生产者与消费者之间冲突的手段，最终目标是改造资本主义，以另一种制度取而代之，他们往往对资本主义制度持不妥协的批判态度。主要的理论观点、思想倾向属于改革派的学派有以下两个。

（1）社会主义学派。该学派认为社会主义是合作社运动的最终目标，合作社仅仅是达到这一目标的手段或准备阶段。他们所信奉的社会主义带有改良主义的色彩。这一学派的理论主要流行于西欧一些国家与社会党关系密切的合作组织之中。以毕舍为代表的生产合作派主张仿照自然界和自然科学的革命样式，用和平的方法谋求社会的改革，认为人类的本质状态是集团生活，劳动者生产合作社普遍发展起来后就可以摆脱资本家的剥削。以威廉·金为代表的基督教社会主义学派认为：合作社是推翻资本主义和破除工资制度的有力工具。他把劳动、资本和知识看作合作社的三大要素，主张拥有劳动力的劳动者阶级要团结一致，以积累劳动成果为资本，组织起来办合作社。

（2）合作联邦学派。这一学派认为合作社应是社会中起支配作用的经济体制。它与社会主义学派的主要差异在于：第一，它把合作社运动的进程视作终结，合作社本身就是目的，而不是达到另一种体制的手段或途径；第二，它把私有财产作为经济结构的基础，认为社会的弊端在于太多的人没有足够的私有财产，所以要把更多的财产分配给更多的人；第三，社会主义学派主张由国家或工厂来控制经济，而合作联邦学派则把对经济的控制权交给消费者，主张消费者至上。法国的尼姆学派和德国的汉堡学派，从主要理论倾向上看，都应划入这一大派别。这一学派的理论在西欧及北美都有一定的影响。

1.2.1.5　20世纪60年代以后的农业合作社理论

20世纪60年代以后，经济学理论出现了新的分支，合作社理论也有了新的发展，不断融入了产权理论、新经济学理论、交易费用理论和博弈论的内容，这些理论从不同的方面证实了合作社存在的必要性及其对经济发展的重要作用，为西方合作社的发展提供了理论支持。20世纪60年代，科斯经济学诞生，其核心理论就是产权理论，这一时期的经济学家运用新的经济学分析工具，对合作社的产权及相关问题进行了研究。例如，Condon（1987）、Fulton和Murray（1995）、Harris等（2010）运用产权理论对合作社的产权及相关问题进行了研究，Condon建立了一个用于证明财产权和合作社组织之间联系的理论分析框架。Fulton和Harris等认为要促进合作社持续发展，就需不断完善合作社的产权安排。Eilers和Hanf（1999）运用代理理论提出农业合作社中最优契约设计的观点；Karantininis和Zago（2001）认为合作社的异质性可能会影响合作社的效率。

1.2.2　国外农民合作社的发展历程

二战以后，随着合作社理论的不断丰富和发展，西方各国的农民合作社蓬勃发展，很多国家都有了充满本国特色的农民合作社类型。

1.2.2.1　西班牙以蒙德拉贡合作社为代表的农民合作社

西班牙发展最成功的合作社是蒙德拉贡合作社，被众多学者誉为"世界当代合作社成功典范",始创于 1956 年。它的主要特点是农民自愿加入、自愿联合、合作互助,实行民主管理和自主经营。它的最高权力机构是社员代表大会,日常事务由董事会负责,实行一人一票制。在利润的分配上,实行储备金制度。通常,合作社存续期间,其储备金不能分给成员,只能留给合作社无偿使用。合作社的分配制度为:盈余的 20% 用于缴纳所得税,30% 用作储备金,剩余的 50% 分配给股东。西班牙政府高度重视合作社组织的发展。政府在合作社的发展中主要扮演了引导和扶持的角色,但是不能干预合作社的经营活动。西班牙政府制定法律时,明确规定对农民合作社的负责人和社员定期组织培训,合作社可以享受到税收优惠政策。例如,蒙德拉贡合作社的所得税税率为 20%,而公司的所得税税率则为 35%。

1.2.2.2　日本以农协为代表的农民合作社

二战后短短几十年时间内,日本农业得到迅速发展,这主要归功于具有日本特色的农民合作经济组织,即日本农协。日本农协作为代表农民利益的组织,对日本现代农业的发展起着重要的支撑和推动作用。日本农协主要开展的业务有:通过专职农业指导员为农民在农业生产经营方面提供技术服务;统一购买生产资料,大大降低了农民的生产成本;在农产品收获季节,运用庞大的组织系统和保鲜、运输、信息网络等方面的优势,实行农产品统一销售;提供信用、保险业务。日本的法律允许农协自办信用业务,农协的金融机构主要负责成员的存贷款业务,其宗旨是为农协的全体成员服务。农协章程中规定,资金不得用于股票、债券等有价证券的投资。农协还开展各种保险业务,如养老保险、火灾险、汽车定期生产保险及汽车事故保险等长短期保险。

日本政府在推动农协快速发展过程中具有不可替代的作用。政府不但给予农协大量的财政支持和各种优惠政策,而且可以直接进行干预。因而,日本农协既是为保护农民利益自发组建的,又是日本政府推行农业政策的中介机构,它实质上是个半官半民的组织。

1.2.2.3　美国新一代农民合作社

美国地广人稀,农产品出口排在世界第一位,农业发展处在世界一流水平，合作社在美国的一体化农业服务体系中占有重要地位。美国农民合作社自产生至今，已有将近 200 年的历史。美国最早的农民合作组织，是奶牛农场主建立的奶牛协会，目的是促进牛奶的加工并扩大销售，之后各种合作社出现在农业和其他领域。在美国出现第一次农业危机期间，农场主们联合起来，在销售和加工方面互相合作，有力保障了经济效益。农民合作社在之后的发展中不断调整和完善，减少了数量，扩大了规模，提高了管理水平，成为一股强大的竞争力量，大大加快了美国农业现代化的步伐。根据美国农业部门的调查数据，截至 2015 年，美国共有 2047 家农民合作社，净营业额为 1798.9 亿美元，将近 80% 的农产品是经由农民合作社加工和生产的，合作社对于美国农业的发展作用极大。

20 世纪 80 年代以来，受到来自法国、丹麦、中国等国家农产品出口增加的影响，美国农产品出口数量下降。之前发展起来的农民合作社不能适应时代发展的新要求，于是在美国北达科他州和明尼苏达州出现了一种新型合作社，主要进行农产品的加工增值，合作社实行封闭成员制度。新一代农民合作社也被称为"增值合作社"，主要具有以下四个特点。第一，社员的首期投资额较高。社员的首次支付金额一般在 5000 ～ 15000 美元，社员高额的首期投资构成了合作社最为可靠的资本金。第二，社员享有同投资额相当的交货权，且交货权可以转让。普通社员和合作社之间通过这种"双向"合同形成了利益共享、风险共担的机制。第三，社员资格具有封闭性。与传统合作社的社员入社自愿、退社自由不同，想要加入该合作社的农民必须符合一定的条件。这种做法可以有效避免社员自身利益受损，同时也有利于资本金的稳定。第四，合作社主要开展农产品加工业务，通过提高农产品的附加值来提高社员收入。

通过分析和研究美国农民合作社发展的历程，发现其有几个明显的特点。第一，合作社类型多样，有专门的销售合作社，把许多农民集中起来形成规模，方便经营和销售，也有专门的供应合作社，为农民提供农用生产资料和日用品，并提供相关技术指导，最重要的是还有农民合作社金融系统，负责农业贷款和农业保险业务，融资渠道多样，如果农产品受到了自然灾害，购买了保险的农民会拿到相当于成本的赔偿，这确保了农民的利益，后期美国政府还出台了一系列政策和法律法规来支持和保障合作社的发展。第二，在合作社的运作方面，农民与合作社签订一个定期合同，农民必须按照合作社的要求提供规定数量和品质的农产品，合作社则按照统一定价收购，确保了农产品的质量，形成了农产品的集散地，使农产品从生产到之后的加工与销售成为一个有机的整体，农产品可以直接配送到零售商，缩短流通渠道，流通速度变快，流通成本降低。第三，加入合作社需要按章程规定支付一定金额，用于合作社本身的运营，年终结账时，合作社根据农民提供的农产品交易额进行利益分配，如果自身生产的产品达不到合作社的要求，农民的利益就会受到影响。第四，合作社以增加农产品附加值、大力发展农产品深加工为目标，延长农产品产业链，满足消费者对农产品日益增长的需求。第五，美国政府大力支持合作社发展，为合作社的发展提供了有力的政策保障。为了促进合作社的建立，在合作社成立时，美国州一级政府会直接为农民提供服务，通常会对其管理人员进行培训，以及帮助制定符合合作社发展的经营计划。

1.2.2.4　法国农民合作社

法国是欧盟成员国中的第一大农业国，农业产值占欧盟农业总产值的20%以上，农产品出口量在世界上排第二位，仅次于美国。自第一个奶业合作社成立到2011年，合作社数量达到3750余个，90%以上的农民加入了合作社。法国的农民合作社不限于农产品的生产和销售，还参与农业的各个环节。

法国农民合作社生产经营的主体是家庭农场，众多家庭农场为合作社的发展壮大奠定了基础，随着生产力和科学技术的进步，农民合作社向生产领域的纵深发展，通过政府的协调，合作社进行了大规模的整合和重组，更好地解决了合作中存在的问题。法国农民合作社在运行机制方面的要求非常严格，对社员入社和退社有着严格的规定。在内部机构的管理上，由于是按产品交易量分红，所以坚持一人一票的原则，充分尊重社员的意见。法国政府还从立法上规定，合作社是公共利益组织，社员可直接参与经营决策，保障了农民在合作社中的主体地位。在法律法规的执行上，由农业部门的专门机构进行监督。政府在政策支持方面为合作社的发展提供了良好的外部条件，负责组织农民的技术培训和发布实时的农业信息，在税收信贷方面则直接进行补贴。

1.2.2.5 英国农民合作社

英国合作社发展历史悠久并普遍保持了合作社的传统。据了解，最早的合作社，应该是 1760 年英格兰沃尔维奇查特姆造船厂工人兴办的合作面包坊。19 世纪初，英国合作社运动蓬勃兴起。1844 年，在老牌工业城市曼彻斯特的北部小镇罗虚代尔，28 名法兰绒纺织工人为抵制中间商的盘剥，组建了名为"罗虚代尔公平先锋社"的消费合作社。由于它的合作原则得到广泛认可，因而被公认为世界上第一个成功的、现代意义的合作社。受罗虚代尔公平先锋社的影响，19 世纪中后期，合作社在英国广泛发展起来。到 19 世纪末，英国合作社业务已发展到消费、保险、信用、工人活动、社区服务等各个领域。1895 年，国际合作社联盟在曼彻斯特成立，将罗虚代尔公平先锋社的合作原则归纳整理为国际合作社运动的普遍原则，即"罗虚代尔原则"，在国际合作社运动中加以推广。到 2011 年底，英国合作社的数量已达 5933 个，社员 1350 万人，年营业额 358.6 亿英镑，涉及 11 个行业领域。合作社在城乡社区开设平价店 1.1 万个，遍布农村社区和城市中心的每一个邮政编码地区，每 4 个英国成年人中就有 1 个是这些合作社平价店的所有者。按照合作社成员性质的不同，英国合作社联盟将合作社划分为四大类，即消费者合作社、工人合作社、企事业单位等团体成员所有者合作社（农民合作社归入此类）、混合所有者合作社。农民合作社在英国数量不多，主要分布在北部的苏格兰地区。据统计，2011 年全英国只有 450 家农民合作社，占各类合作社总数的 5.4%；全英国 30 万名农场主，约有一半加入了农民合作社。

1.2.3 我国农民合作社的发展历程

从发展的角度讲，合作社最初是由农户家庭经营这种模式逐渐发展起来的，在农村市场改革的基础上，商品经济得到快速发展，由此形成了新的农村产业组织发展模式，该过程基本与农村市场改革、商品化发展相协调。20 世纪 80 年代，我国逐渐开始建立农民合作社，从时间的角度进行划分，其发展历程主要经历了三个时期，即萌芽、起步期（20 世纪 80 年代初至 90 年代中后期）、全面推进和稳定发展期（20 世纪 90 年代后期至 2006 年）、快速发展期（2007 年至今），而从组织形式上，可分为小农户自发探索期与创新者探索期。有学者根据《中华人民共和国农民专业合作社法》的颁布时间对其进行划分，即颁布前属于小农户自发探索期，颁布后属于创新者探索期。考虑到本书的研究目的，笔者采用第二种分类方式。

1.2.3.1　小农户自发探索期

随着农业市场化越来越明显，以及农产品市场竞争的加剧，农民要想确保自身利益不受损害，就应该齐心协力。在这种背景下，农民自发建立了农民合作社，不过这种内生性合作组织发展的难度很大。这是由于农民在集体行动中没有从自身角度出发来衡量得失，只在乎其他人有没有从自己的行动中获得好处，这种观点让他们产生了特殊的公平思想。农民的这种思想违背了"经济人"的理性思维逻辑，而且不科学，不过在农民看来却很正常。农民的非理性心理会因为这种公平观而逐渐蔓延，因此难以解决其他人"搭便车"的行为，小农户之间的合作面临着很大的困难。

1.2.3.2　创新者探索期

小农户需要合作但是不知道如何合作时，就可选择创新者领导的外生性合作组织。创新者（供销合作社、农业企业、产销大户等）可以成为合作决定性力量的原因有两点：首先，和一般农户相对比，创新者的人力资源、资本及社会资源都更充足，可以在组织上投入更多创建资金；其次，他们能够掌握绝对的利益分配权、控制权，以此对投入的资金进行弥补。我们可以通过博弈论对创新者领导的外生性合作组织的形成进行解释。

假设有多个农户，这些农户都想要获得更多的经济效益，这些农户的能力水平参差不齐，因此可以将这些农户分为能力较强的群体和能力一般的多数群体，分别用 n_1 和 n_2 来表示。这两个群体有个共性，那就是很多收益都需要通过合作产生。既然收益需要通过合作产生，合作过程中就需要有带头人。在合作时大家能力水平不同，做出的贡献不同，成本也会不同，假设核心成员分担部分为 c_1，普通成员分担部分为 c_2。假设合作获得的总收益为 b，核心成员和普通成员分得的收益也是不同的，用 b_1 表示核心成员分得的收益，用 b_2 表示普通成员分得的收益。

所有农户都可以选择"搭便车"或者参加合作社，"搭便车"不需要承担合作社的成本，却可以享受合作社带来的收益，而合作社成员虽然可以享受收益，但是需要承担合作成本。在对所有农户进行分析时，分别从核心成员及普通成员中选出一名代表，用 E 和 G 表示，每个人在做出自己的选择时都知道别人的选择，从而形成了智猪博弈模型（见表 1 - 1）。

表 1 - 1　核心成员和普通成员之间合作的博弈模型

		普通成员 G	
		参加合作社	"搭便车"
核心成员 E	参加合作社	$(b_1 - c_1) / n_1$，$(b_2 - c_2) / n_2$	$(b_1 - c_1 - c_2) / n_1$，b_2 / n_2
	"搭便车"	b_1 / n_1，$(b_2 - c_1 - c_2) / n_2$	0，0

（1）如果核心成员 E 选择参加合作社，那么普通成员的成本就变成 $(b_2 - c_2) / n_2$，但是如果普通成员 G 选择"搭便车"，那么其只需要支付 $(b_2 - c_1 - c_2) / n_2$。如果没有明确的制度和规范约束，那么会出现越来越多类似于 G 的农户选择"搭便车"，从中获得更多的收益。

（2）核心成员 E 在决策时肯定会考虑普通成员 G 选择"搭便车"这一状况，此时核心成员 E 就需要考虑其加入合作社的支付成本 $(b_1 - c_1 - c_2) / n_1$。假如核心成员 E 加入合作社之后能够获得更多的经济效益，那么其必然会选择加入或者建立合作社来获取收益。

（3）如果核心成员 E 加入或者建立了合作社之后，让合作社更加规范和专业，并出台了一系列制度和措施来保障合作社的利益，那么普通成员 G "搭便车"获得的收益将会大大减少，一旦普通成员 G 出现"搭便车"的情况，就很有可能受到合作社制度的惩罚。此时合作社成员的支付水平将会达到预期，合作社的运行也会逐步走向正轨，大家最终将会按照其做出的贡献来获得收益。

通过合作社的产生过程可知，大部分农民合作社都是个别创新者如产销大户在高额利润的影响下进行诱导性机制变革，核心成员和普通成员之间会产生合作博弈，同时在经济收益上也会产生一定的分歧。

1.3　国内外农民合作社的反贫困实践

从整体来看，我国农业生产方式以传统、小规模分散生产为主，耕作方式以手工畜力和传统经验耕作为主，生产组织形式以家庭承包经营为主。这种小规模的分散经营不利于实现农业现代化，严重阻碍了农业生产力的发展。从市场经济的发展要求来看，一方面，农民被卷进市场经济的洪流，面临着日益激烈的竞争，在竞争中处于劣势地位；另一方面，市场经济对农民的组织化程度提出了更高要求，单打独斗的农民越来越难以适应市场经济发展的需要，"小农业与大市场"的矛盾日益加剧，个体小农难以抵御巨大的市场风险和生产风险。因而，走合作化道路是农民应对生产、技术、市场等多种风险的有效途径，是实现中国特色农业现代化的必由之路。此外，通过农户之间的合作能实现农业生产的适度规模化经营（黄宗智，2006），推进第一、第二、第三产业融合发展，深化农业供给侧结构性改革，带动农民增收，建设现代农业并构建新型现代农业经营体系。同时，农民合作社还承担着维护社会稳定、推动民主建设等社会、政治方面的功能。

1.3.1　我国农民合作社的反贫困实践

中国是国际合作社联盟的最大成员国。在新中国成立以前，尤其是20世纪20～30年代，国内知识分子开展了大量以介绍、传播国外合作思想为主的研究工作。被誉为"中国合作运动导师"的薛仙舟最早传播合作经济理论，他认为合作化是实现民生主义的必由之路，并于1919年创办了中国第一个合作金融机构——上海国民合作储蓄银行。20世纪20年代，晏阳初在河北定县开展合作社实验；梁漱溟主张走合作道路进行乡村建设，提出了系统的乡村建设理论，并在邹平组织的合作社进行实验。1931年，国民党政府颁布《农村合作事业暂行规程》，1934年颁布《中华民国合作法》。新中国成立以后，一场轰轰烈烈的农业合作化运动迅速展开，从互助组、初级社、高级社到人民公社，合作社成为农业社会主义改造的工具。但由于受"左倾"错误思想影响，当时的合作化运动偏离了合作社自愿、互助等基本原则，不可避免地造成了生产效率的损失，不仅没有实现增加农产品供给的目标，还导致广大农民普遍贫困。党的十一届三中全会以后，我国在广大农村地区普遍推行了家庭联产承包责任制，人民公社制度逐步瓦解。在这种背景下，我国的农民合作社进入了新的历史时期，各种新型的农民合作社在全国各地迅速发展起来，在农村经济建设中发挥了重要作用。

农民合作社是弱势群体联合成立的互助性经济组织，制度安排天然地具有益贫性，是市场经济条件下农村贫困人口脱贫的理想载体，也被视为反贫困最有效率的经济组织（吴定玉，2000）。建立农民合作社的一个重要目的就是要提高农民的组织化程度，增强农民抵御市场风险的能力，促进农业增效、农民增收。因此，农民合作社的反贫困实践主要是通过为社员提供切实有效的产前、产中、产后服务来完成的。

1.3.1.1 农民合作社促进经济事业发展的反贫困实践

1. 农民合作社促进农业生产的反贫困实践

我国气候、土壤、地形和水文等因素决定了我国耕地人均占有量少且分布不均、后备耕地资源不足、高质量耕地少，农民可承包的耕地面积小且分散的现状直接影响农业生产的规模化、专业化和现代化。因此，首先需要加快土地流转，使耕地集中于承包大户或家庭农场，形成兼业农和专业农并存、以专业农为主体的农业生产格局，以弥补土地分散的不足。农民合作社促进土地经营面积扩大主要通过以下三条途径：一是社员与社员之间的土地流转，合作社作为中介人，确认交易双方的权利和义务；二是社员与非社员农民之间的土地流转，合作社作为担保人，为交易双方提供相应的担保；三是合作社与非社员农民之间的土地流转，合作社作为法人与农民个人进行交易，交易完成后，合作社须将土地再承包给社员，以扩大土地经营面积。扩大土地经营面积是为了解决土地分散不易规模化经营的难题，家庭农场建设则是为了促进农业集约化生产、商品化经营。农村家庭以家庭成员为主要劳动力，有助于解决农村剩余劳动力问题，实现贫困人口增收。家庭农场的持续发展离不开职业农民，因此职业农民培育应与家庭农场建设同步进行。农民合作社从社员中选择职业农民候选人，给予技术、经营等方面的教育，提高其文化水平和农业专业技能，促进农业生产事业发展。

2. 农民合作社促进成本降低的反贫困实践

农民合作社组织农民合作购买生产资料，是合作社为成员开源节流的有效手段。农业生产资料一般都由少数厂商垄断，农民缺乏讨价还价的能力。由合作社大量、统一采购这类生产资料，不仅能获得市场批发价格，降低生产资料的采购成本，还可以防止假冒伪劣生产资料进入生产领域。合作社直接从厂商批量购买，还可以把原由批发商占有的商业利润转归合作社及其社员所有。同时，农民在合作社的约束下，按照操作流程合理安全地使用农药、化肥等，有利于控制农药、兽药滥用造成的农残、兽残危害，提升农产品质量。此外，农民合作社能够依靠集体的力量引进、使用先进生产技术，降低单个农民提高生产技术水平的成本。采购和技术成本的降低有助于实现农业生产的规模化，因而可以不同程度地降低社员单位农产品的生产成本，增强产品的市场竞争力，提高收益。农民合作社降低成本的实践还体现在交通运输费用、销售产品的期间费用、产品的质量检验费用、进入市场及搜寻合适交易对象的费用、谈判费用、签订交易合同的费用、市场信息失真或滞后导致决策失误的损失、违约及受欺诈损失、处理交易纠纷的费用等方面。农民合作社作为市场中介，能够直接与龙头企业和批发市场对接，使分散购销变成集中购销。批量交易能够简化交易关系，减少交易次数，农民生产过程中的交易费用也必然随之减少，越多的农民参与合作，减少的交易次数就越多，降低交易费用的效果就越明显。

3. 农民合作社促进农产品流通的反贫困实践

我国是一个农业大国，农产品的有效流通涉及整个国民经济的运行效率及质量，涉及农业现代化，涉及农民的根本利益。农业产品是自然再生产和经济再生产相互交织的产物，农产品流通具有如下特性。一是农产品具有明显的季节性、地区性和分散性。农业生产受农时季节和自然环境的影响，农产品上市具有季节性。不同地区生产不同的农产品，农产品具有地区性。二是农产品分为自给性农产品和商品性农产品。当农户消费自产农产品时，该农产品就是自给性农产品，不经过商品流通过程。当农户出售自产农产品时，该农产品就是商品性农产品，进入商品流通过程。三是农产品既是生活资料，又是生产资料。将农产品直接用于人们生活消费时，它就是生活资料；将农产品作为工业原料时，它就是生产资料。四是农产品体积大、数量多、水分多。五是农产品是有机体，不易贮藏，易于腐烂变质。鉴于以上特点，农民合作社促进农产品流通的反贫困实践主要是通过农产品产后收购、运输、贮存、包装、加工、营销、贸易等一系列环节，做到农产品保值增值、节约流通费用、提高流通效率、降低不必要的损耗，从某种程度上规避风险。农民合作社将生产同一农产品的农户联合起来共同决定农产品的出售价格，以强化农户的市场交涉能力，解决农产品难卖或价格低的问题。农民合作社建立仓库储存农产品以保持农产品质量，减少损害。当大量农产品过剩时，仓库保管也起到调节供应、保护农民利益、稳定市场物价的作用。由于市场存在盲目性、滞后性，农民合作社为农民提供有效的市场信息，降低风险，消除农产品的市场壁垒，帮助贫困农户减贫增收。

4. 农民合作社促进特色产业发展的反贫困实践

在贫困地区发展特色产业是帮助贫困农户脱贫致富的主要抓手。作为同类农产品的生产经营者或者同类农业生产经营服务的提供者、利用者，自愿联合、民主管理的互助性经济组织，农民合作社是贫困地区发展特色产业的重要组织平台。在发展的过程中，农民合作社积极吸纳贫困农户入社，加强合作社与贫困农户之间的利益联结，注重发挥农民合作社对农村贫困人口的组织和带动作用。在吸纳贫困户进入合作社后，合作社根据当地实际情况，考虑地形地势及气候等自然环境、人口及劳动力结构等社会环境、资源禀赋及经济发展水平等各方面因素，坚持市场导向，遵循市场和产业发展规律，选择发展适宜的特色产业，促进农业剩余劳动力就业，增加农民的非农收入，开发利用非农地资源，促进贫困地区经济发展和帮助贫困农户脱贫致富。

1.3.1.2 农民合作社基于金融事业的反贫困实践

1. 农民合作社发展合作金融的实践

现阶段农村金融大多与农业有关,具有以下特点:一是资金规模小,这是由我国农业的小规模经营性质决定的;二是资金利用具有混合性,我国农户既是农业生产经营单位,又是生活消费单位,因此农户借入的资金既用于生产,也用于生活;三是农业金融具有季节性,这是由农业生产的季节性决定的;四是农业金融一般表现为信用金融,这是因为农户需要的资金规模不大,而且农户的担保能力弱;五是资金周转慢、收益率低,这是由农业的自然再生产过程决定的。基于农业金融的以上特点,商业银行一般不愿意发放农业贷款,成立农民信用社(农村资金互助社)能够起到互通有无、调剂余缺的作用。因此,农民合作社开展的内部信用合作已经成为当前中国农村新型合作金融发展的主要形态(王曙光,2014)。在发展信用合作的过程中,可以通过为贫困农户赠股的方式帮助他们在合作社中建立一定额度的股权,使他们既能够获取从合作社贷款的基本权利,也能够获得相应股权的红利收入。同时,合作社在为贫困户发放贷款时,也应该给予一定的帮扶,优先照顾贫困社员,为他们减免利息。

2. 农民合作社与政府合作的反贫困实践

农民属于弱势群体,联合起来组建合作社,"抱团取暖"可增强自身实力,实现抵御自然与市场风险并维护自身权益的目的。农民合作社通过政府扶持得到发展,通过向贫困户提供生产资料、开展技能培训等发展产业,通过合作社内就业、土地入股等方式保证贫困户的收入,农民合作社以自身特有的方式参与到反贫困实践中,解决了"谁来扶""怎么扶"的问题,成为反贫困实践中的重要一环(陈宏伟,2018)。因此,农民合作社的反贫困更易得到政府强有力的帮助和扶持,能有效地化解农业生产所面临的风险,使农民的权益得到很好的维护,进而实现贫困户增收脱贫。政府应支持、规范、引导、保护和促进农民合作社发展,这是《合作社法》中对政府与合作社关系的一个基本定位。政府通过财政支持、税收优惠、人才扶持、产业政策引导等措施促进农民合作社的发展,帮助农村贫困人口脱贫。农民合作社作为重要的扶贫载体,在协助政府部门完成反贫困目标的同时，也更易获得来自政府的税费减免、资金扶持等合法性资源。

3. 农民合作社在保险方面的实践

一般来说，自然灾害或意外事故对全体成员的影响是必然的，而对某一个人则是偶然的。保险公司向众多投保人收取一定的保险费，建立巨额的保险基金。当投保人因自然灾害或意外事故而发生损失时，保险公司可按保险合同予以补偿，即个别数额较大的损失由全体投保人承担。换言之，投保人只交付少额保险费，就可得到无法预料的大额损失的补偿。然而，在市场经济条件下，保险公司作为以营利为目的的金融企业往往不愿意办理农业保险，因为农业生产有较大的风险。在这种情形下，农民合作社以"一人为万人，万人为一人"的协同精神，发展保险事业，可以保证社员生产和生活的安定。与保险公司相比，农民合作社的保险事业有自身的特征，主要表现在：投保人受限制、保险费用低、保险种类农村化、具有返还性。为了充分发挥合作社保险事业对农村社会保障的作用，农民合作社根据所经营的险种、承保的对象，以及保险的责任范围和分散危险的要求，采取法定和自愿相结合的经营方式为贫困社员提供农村产物保险和农业保险两个大类的服务。

4. 农民合作社在资产收益扶贫方面的实践

资产收益扶贫是我国从 2015 年才开始推进的一项制度创新工作。农民合作社的资产收益扶贫因其有效的制度安排，具有协力推进、互利双赢、收益保底、联营联动等显著优势，不仅有助于解决扶贫资金在扶贫主体间的分配难题，更有助于缺乏自我发展能力的各类低收入贫困群体获得资产性收益，这对于我国持续推进反贫困工作具有重要意义。资产收益扶贫是在不改变用途的情况下，将财政专项扶贫资金和其他涉农资金投入设施农业、养殖、光伏、水电、乡村旅游等项目，具备条件的可折股量化给贫困村和贫困户，尤其是丧失劳动能力的贫困户。在农民合作社资产收益扶贫的过程中，合作社与贫困户通过分工合作可以发挥各自优势并互利共赢，合作社在丰富自身资本来源的同时，增强了生产经营能力，拓宽了赢利空间，而贫困农户在获得稳定、有保障的经济收益的同时也改善了自身福利，并最终实现生产要素的重新组合与扶贫资源的最优配置。农民合作社的资产收益扶贫在实际运行中分为三个阶段：一是资源转化阶段，贫困地区对各级财政专项扶贫资金、其他涉农资金、贫困农户自有资金以及承包地经营权等资源进行整合，并将其折股量化为贫困户在合作社中的扶贫资产；二是资产增值阶段，合作社依托产业项目从事生产经营并获得产业利润，完成扶贫资产的保值增值；三是收益分配阶段，农民合作社依据事先达成的贫困社员股权分配比例及分配方案将每一年度的利润盈余分配给贫困社员，贫困社员按照股权约定获得收益分红（袁伟民、唐丽霞，2020）。总体来看，农民合作社的资产收益扶贫制度是一种以资产为基础的反贫困政策框架，其独特优势在于"资产"，通过精准识别并充分运用市场机制，盘活贫困地区的社会资源，调动缺乏自我发展能力的贫困群体积极参与，保证其得到持续稳定的财产性收入并最终实现稳定脱贫（岑家峰、李东升，2018）。

1.3.1.3　农民合作社基于社会事业的反贫困实践

1. 农民合作社发展农业科技的反贫困实践

从工业革命到现代信息技术的使用，科学技术作为第一生产力对工业的繁荣至关重要，而科技也支撑着农业产业发展。与传统的反贫困方式不同，科技扶贫是一种自发式的、内源式的、可持续发展的反贫困治理模式，在很大程度上解决了农业企业化、产业化纵深发展的困境。然而，从科技扶贫实践中发现，发展农业科技需要有效的载体，载体的组织化程度决定了农业科技发展的成本与效率。农民合作社是农村经济中比较有优势的经济组织，能够引进更多的先进技术推动产业的发展。农民合作社同时又是交流技术、应用技术、发展技术的大平台，很多比较先进的理念和技术最先是通过合作社吸收转化的。农民合作社邀请具有中级专业技术职称以上的科技人员到贫困地区服务，对合作社的贫困社员、农技骨干等有创新创业需求的人员展开培训。农民合作社通过统一提供种子、化肥农药、技术指导等改变社员异质化的农业技术使用状况，提高贫困农户利用农业技术的效率，提高家庭经济收入，改善他们的生活福利。此外，农民合作社还是传播农业科技的重要载体和低成本平台。依托农民合作社，政府可以更好地实施科技扶贫工程，提高科技对贫困农户脱贫致富的贡献度。

2. 农民合作社发展教育的实践

农民合作社能否持续、健康地发展，主要取决于社员是否积极参与农民合作社的运营。这就需要农民合作社加强对社员的教育，使他们真正树立"我的合作社"的主人观，提高他们的文化水平、道德水平以及业务水平。因此，教育事业对农民合作社的生存和发展至关重要。具体而言，对社员的教育内容大体包括以下四个方面。一是文化教育，通过文化教育提高社员的文化水平。二是技术教育，由于我国农业总体上处于由传统农业向现代农业过渡的阶段，所以提高农民社员的农业技术水平是重中之重。通过各种形式的技术教育，使农民掌握现代农业的一两项实用技术是农民合作社的责任。三是经营管理教育，传统农业向现代农业的转化，要求农民提高农业经营管理水平。通过教育，力争把社员培养成为现代农业企业家。只有这样，才能使农民在日益激烈的农产品市场竞争中站稳脚跟，不断扩大务农收益。四是思想教育，教育社员提高对农民合作社的认识，促使他们互利互助，积极通过各种项目发展壮大农民合作社。农民合作社教育不同于学校教育，属于社会教育的范畴，所以应采取各种方式加强对社员的教育，主要方式大体包括以下五个方面：一是自学教育，农民合作社为社员制订自学计划，并提供必要的图书资料，鼓励他们自学成才；二是进修教育，农民合作社有计划地组织骨干社员到大学、科研部门进修学习，包括海外研修；三是委托教育，农民合作社委托大学或科研部门，为自己培训青年社员；四是远程教育，农民合作社利用计算机网络技术指导社员和职员学习，这是投入少、见效快的现代教育方式；五是业务能力考试，合作社定期对社员实施业务能力考试，并对合格者给予必要的奖励。

3. 农民合作社发展福利事业的实践

一般来说，农村的社会福利事业远落后于城市。通过农民合作社发展各种农村社会福利事业是非常必要的，它有利于满足农民的基本生存、发展等需求，有利于提高农民的文化、社会地位，有利于农民老有所养。农民合作社发展福利事业的主要内容包括以下四个方面：一是修建公共生活设施，比如婚礼堂、理发室、洗浴中心、农民休养所等；二是发展有关老人、妇女、学生、幼儿的福利事业，比如开办老人会馆、妇女学校、幼儿园、图书阅览室等；三是开展加强农民社员之间感情交流的活动，比如举行新农民大会、农事庆典等；四是发展弘扬农村传统文化事业，比如建立农业博物馆等。农民合作社需要增加对农村社会福利设施的投入，改变重生产轻生活的观念，做到生产和生活两不误，努力提高农民的生活质量。

1.3.2　国内农民合作社反贫困实践的启示

基于以上对农民合作社反贫困实践的研究，得出以下几点关于农民合作社反贫困方面的建议，以期为我国农民合作社的反贫困实践提供参考。

首先，鼓励选择与贫困农户生计相宜的产业进行拓展，充分利用当地的资源优势、劳动力优势和农业生产优势，挖掘潜在的商业价值，拓展利用内外部群体的多维资源，为产业体系的发展搭建平台，通过市场的力量帮助农户抵御市场风险，提升产业链的利润价值，通过市场机制增加生产环节的利润分配，降低贫困农户生计的脆弱性。

其次，加大政策扶持力度，持续发挥农民合作社提高农民收入的作用。在农民合作社不具备义务扶贫责任的前提下，政府相关部门应加大对农民合作社的扶持力度，充分发挥农民合作社的反贫困功能。农民合作社出于理性的考虑，为争取到更多的反贫困资源，将加大反贫困力度。在政府政策的倾斜下，农民合作社的反贫困意识潜在地提升了，从而有效促进了贫困户的增收。农民合作社的反贫困实践需要深入挖掘贫困户与农民合作社的发展潜力，提升贫困户的参与程度，扩大农民合作社的发展规模，增强农民合作社发展对贫困户的吸引力。同时，加大农民合作社的反贫困宣传力度，促进农民合作社与贫困户之间的沟通，有效提升贫困户对农民合作社的了解程度，使贫困户愿意加入农民合作社，分享农民合作社反贫困治理的效益。

1.3.3　国际农民合作社的反贫困实践

西方农民合作社发展相对比较成熟，而我国现行的农民合作社内部制度安排（如入社自愿、退社自由、民主管理等原则）与西方农民合作社又具有一定的相似性，因此，西方农民合作社反贫困的研究成果可为我国农民合作社的反贫困实践提供借鉴和参考。

1.3.3.1 英国农民合作社的反贫困实践

英国是工业革命的源头，伴随着珍妮纺纱机、瓦特蒸汽机的发明和改进，科技进步迅速，生产力得到极大解放，1844 年英国罗虚代尔镇诞生了世界上最早的合作社——罗虚代尔公平先锋社。英国合作社发展的特点是综合性强、涉及面广，多表现为集团企业型合作社。1867 年，罗虚代尔公平先锋社的成员格里宁组建了第一个农业与果树联合会，从事肥料和饲料的销售，成为英国最早的农民合作社。综观英国农民合作社的反贫困实践可以发现，其在为农民提供技术服务的同时，还提供法律援助、种植和养殖规划、税务援助、营销策略制定、农业技术推广、行业信息交流等服务。英国农民合作社反贫困的先进经验有以下方面。

第一，增强农工商各行业的合作。英国农民合作社注重加强农工商各行业之间的合作，如在种植业、养殖业、加工业和零售业等各行业建立沟通平台，帮助农民与农产品流通企业建立长期产销联盟，发展订单农业，增强中小农业企业的竞争力。

第二，有效利用政府的财政补贴政策。19 世纪农民合作社成立之时，英国政府提供了 1200 英镑扶持资金。此后，政府援助资金根据入社农民数量支付。19 世纪 60 年代，英国政府投入资金，建立了农业销售与发展委员会，以促进小规模农民合作社的发展。1967 年，农民合作社联合会成立，英国议会提供了 4000 万英镑作为发展基金（丁士军，2013）。英国农民合作社充分有效地利用这些政府财政补贴政策促进贫困社员脱贫增收。

第三，加强农民培训。英国农民合作社注重提升农民的科技素质，建立农民培训体制，积极动员社员参与政府组织的加强农业职业技术的教育培训。每年约有 30% 的农民参加各种不同类型的农业培训活动，农民合作社对获得证书的农民给予优惠待遇。同时，贫困社员素质的提高，有力地促进了农民合作社的高效运营和快速发展。

1.3.3.2 美国农民合作社的反贫困实践

美国作为当今全球范围内最大的发达国家，拥有先进的现代化农业，合作经济在美国国民经济发展中占据重要的地位。在合作经营机制中，农民合作社扮演着比较特殊的角色（赵玻、陈阿兴，2007）。美国农民合作社萌芽于 20 世纪初，发展于二战时期，完善于 20 世纪末期。如今，美国官方将贫困线标准设定为能够提供足够营养的恰当膳食开销的 3 倍（Jensen et al.，2003）。农民合作社联合了大量的美国群众，形成了一股先进的竞争力量，促进了美国第一产业的现代化发展。美国农民合作社的反贫困实践主要表现在以下几方面。

第一，推动农产品深加工，增加社员收益。社员不仅可以从销售初级农产品的过程中获得收益，而且可以从合作社的加工增值部分中获得利益，从而大大提高参与社员的收益。

第二，将社员股份和农产品销售额相统一。社员根据投资额度取得一定的交货权，此类交货权事实上是合作社和社员之间形成的一种合约，也就是社员必须向合作社提供规定数目和品质的农产品。如果社员不能提供符合合作社规定质量标准的产品，合作社将从市场上购买这些产品，并按市场价格计入社员账户。合作社与社员之间形成了一个"双向合同"，双方建立了稳定的交易关系。同时，合作社的主要利润会根据社员与合作社之间的交易额返还给社员，社员与合作社之间形成了"风险共担，利益共享"的共同体。合作社还可以经济有效地组织生产，避免传统合作社中经常出现的设施投资过大、生产能力和供给过剩等问题。

第三，促进农产品出口。通过农产品的加工，合作社不断为美国国内、国外市场提供适销对路的产品，满足国内外消费者的需求，而受到供给刺激的消费者，反过来又会促进合作社农产品加工业的进一步发展。

第四，合作社的相关资本将近一半是通过社员筹得的，其余资本则通过相关农民合作金融单位贷款筹集或通过发行优先股的途径筹集。

1.3.3.3 韩国农民合作社的反贫困实践

20 世纪 60 年代，韩国举全国之人力、财力和物力来大力发展工业，以迅速实现工业化，而与此同时，农业却严重萎缩，"三农"问题日益严重。为解决农业持续性衰退的问题，韩国前后实行两轮"新村运动"，取得了不菲的成就。这主要归功于韩国农协的鼎力支持，有人甚至认为，"新村运动，其实也就是农协运动"（白立忱，2006）。韩国农协的反贫困治理主要表现在以下四个方面。

第一，生产供给服务。农协以合适的价格为农民提供肥料和农药，并且开设培训班来指导农药的使用，教授预防中毒的方法，帮助农民减少农业支出，提高生产效率。

第二，帮助社员宣传、销售农产品。韩国农协拥有覆盖全国的销售网络，管理着众多网点，如粮食收购和加工中心、水果分类点、新鲜水果销售点及低温贮藏室等，不管是在农村还是在城市都能够享受到农协提供的服务。农协还对农产品的包装及尺寸实行标准化，对农产品质量严格把关，通过"综合供应及销售信息工程"，来建设一条农村信息高速公路。

第三，提供银行与保险服务。韩国农协银行与其他商业银行的不同之处在于它是社会公共事业机构，主要为农业发展提供所需的流动资金和全方位的信贷服务。

第四，加强法律、信息服务，竭尽全力为农民服务。为了保护农民的利益不受损害，韩国农协针对一些悬而未决的问题进行调查分析，向政府反馈，提供建议，也积极参与国际农业组织来获取信息。

1.3.4 国际农民合作社反贫困实践的启示

基于对以上各国农民合作社反贫困实践的研究，得出以下几点关于合作社反贫困方面的建议，以期为我国农民合作社的反贫困实践提供参考。

第一，农民合作社的反贫困实践需要完备的法律做支撑。英国、美国和韩国等国家的合作社相关法律法规较为完备，内容详尽。农民合作社通过法律规范自身运营，加强了自我发展能力。虽然中国颁布了《农民专业合作社法》，对农民合作社做出了规定，但是在规范农民合作社的组织行为、保护成员的基本权益方面没有具体规定，而且存在合作社边界模糊等问题。应不断完善农民合作社相关法律法规，制定相应的补充政策。明确农民合作社的注册资金、社员出资要求，强化农民合作社的融资和资金互助功能。加强组织治理和外部审计，完善监督体制，以便农民合作社更好地为反贫困治理贡献力量。

　　第二，农民合作社的反贫困实践需要充分合理地利用政府提供的扶持政策。各国的农民合作社都需要借助政府财政的大力支持，建立完善的激励制度以提高社员的积极性，促进农民合作社快速发展，保障贫困社员收入提高。目前，中国的农民合作社存在资金利用不到位甚至滥用资金的问题。只有提高农民合作社利用政府财政支持、贴息贷款、减税免税等优惠政策的效率，才能更好地为反贫困工作做出贡献。另外，农民合作社要大力发展农民合作金融，完善社内资金运用体系，建立多渠道融资平台。

　　第三，农民合作社的反贫困实践需要增强社员的农业科研能力。农民的专业素质和农业科技水平直接决定农民合作社的发展水平以及反贫困能力，因此各国合作社都很注重农民的职业教育培训和农业科技进步。一方面，农民合作社要鼓励社员积极参与农业职业技术学校、中高等农业教育培训机构组织的农业教育活动。农民合作社与一些职业培训机构合作，委托社会机构进行农业现代技术的教育培训，提高农业从业人员的技术水平。另一方面，农民合作社要加大农业科研投入，发挥农业科研机构的积极作用，促进农民合作社的技术创新，建立农业技术研发和创新平台，提高农产品的科技含量，加强对专业技术人员的培训，建立一支高素质的农业技术人员队伍。

　　第四，农民合作社的反贫困实践需要提升利用农村社会化服务的效率。农民合作社的反贫困实践与农村社会化服务有着密切的关系，农村社会化服务水平直接决定农民合作社反贫困的规模和效率。农民合作社应该减免营销费用，实施宽松的准入政策，利用农产品现代流通服务，落实索证索票和购销台账制度，加强农产品质量安全追溯体系建设。农民合作社应加强与专业服务公司的合作，充分利用耕地、灌溉、植保、收制、运输等环节的服务。农民合作社还应加强与村镇银行、小额信贷公司、农村资金互助社、农村租赁公司、农村担保公司等农村金融机构的合作，提高金融服务利用效率，缓解贫困社员的资金压力。

第 2 章
加入合作社对农户收入水平的影响
—— 基于云南省微观调查数据的实证分析

2.1　加入合作社对农户收入水平影响的文献综述

2007 年《农民专业合作社法》颁布以来，农民合作社得到了迅速的发展。一方面，农民合作社将大量的农村劳动力集中在一起，提高了农业生产效率，改变了小农户不能接触到市场的劣势，促进了农户本身经济收益的提高；另一方面，农民合作社解决了大量土地抛荒的问题，使部分因为农户外出工作而荒废的土地得到了妥善的利用，同时使这些农户在外出工作之余还能得到生产收益的分红。

随着农民合作社的不断发展，其对实际收益及绩效水平的影响引起了学者们的关注。王曙光（2010）深入分析了近 30 年新型农民合作社的兴起及其对农村经济发展的重要影响，指出农民合作社对农村经济的转型具有重要意义。韩国民、高颖（2009）指出农民合作社的发展对西部地区的农村经济发展具有促进作用，同时对西部贫困地区参与式扶贫机制的实施也具有重大影响。学者们在不断调查和研究后发现，农民合作社的发展对于农户收入水平的提高确实带来了积极的影响。合作社对农户收入的积极效应，激发了越来越多的农户加入合作社。张晋华、冯开文等（2012）对 16 个省 561 户农户展开调研，采用两阶段模型分析了加入合作社对农户收入的影响，研究发现加入合作社对农户收入水平有显著的正向作用。梁巧、吴闻等（2014）从社会资本的角度出发展开研究，发现社会资本的优越性有利于农户加入合作社，并且对合作社社员的收入有积极的正向影响。马彦丽、施轶坤（2012）对 13 个农民合作社的 340 个农户展开调研，研究发现弱势农户加入合作社的意愿更强烈，加入合作社是否能提高收入水平是农户最关心的问题。然而，在农民合作社发展的大环境下，也有不少地方的合作社建设出现了问题，导致大量农户退出合作社。李剑、黄蕾等（2012）对江西省 278 户农户展开调研，采用 Logistic 模型分析了社员退出合作社的原因，研究发现：当地政策环境及合作社对社员收入的影响程度是社员退出的直接原因。高雅、吴晨等（2014）采用 Probit 模型对广东和安徽两地农户退出合作社的原因进行比较分析，发现建立可信赖的利润分配机制是合作社持续发展的重要保障。

在现阶段，组建农民合作社已经成为农村发展的大趋势。合作社生产作为一种改革后的新生产形式，不仅能聚集农村劳动力，而且能提高农民的生产积极性和生产效率，最重要的是为普通农户解决了技术瓶颈以及供销渠道的困难。现阶段合作社的类型大致分为种植合作社和养殖合作社两种，各个地区可以根据自身的条件因地制宜地组建合作社，通过技术支持、统一种植养殖、入股分红、土地流转等多种方式进行经营。通过文献搜查，我们发现前人的研究重点是基于合作社本身的制度、合作社的收益状况以及政策环境考察合作社对农村经济和农户收入的影响。但我们发现，在研究合作社对农户收入的影响时，已有研究未考虑到加入合作社这一变量本身具有一定的内生性，而内生性在实证研究中对估计结果的影响往往是巨大的。一般来说，政策制度与经济效应之间是相互影响的，所以加入合作社对农户的收入水平会产生影响，同时农户自身的收入水平也是其选择是否加入合作社的原因之一。因此，本书将通过调研数据，结合云南省诸多地区农民合作社的经营现状，从合作社成员及非合作社成员的家庭人均年收入层面，采用工具变量法实证分析加入合作社对农户收入水平的影响。

2.2　加入合作社对农户收入水平影响的调查数据与统计描述

本书实证研究的数据全部源于云南省哲学社会科学规划专题项目"新时代基于农民合作社的精准扶贫研究"（YB2017109）的实地调研数据。2017 年 10 月至 2018 年 8 月的近一年时间里，课题组选取了云南省四大片区五个县（乌蒙山片区的昆明市禄劝彝族苗族自治县、滇西边境山区的德宏傣族景颇族自治州梁河县及楚雄彝族自治州大姚县、滇桂黔山漠化区的文山壮族苗族自治州广南县、藏区的迪庆藏族自治州德钦县）的 30 个村开展了实地问卷调查，问卷的填写皆由户主完成。在调研中，我们对建档立卡贫困户和非建档立卡贫困户采取随机访谈形式，故调研数据更具有普遍性和真实性。调查的信息包括户主个人信息以及家庭基本情况，包括性别、年龄、受教育程度、农户类别、种植类别、养殖类别、是否加入合作社等。本书从问卷中提取出 344 户的基本信息（见表 2 - 1）。

表 2 - 1　变量定义及统计描述

变量名	定义及赋值	平均值	标准差	最小值	最大值	样本量
huji	禄劝 = 5，大姚 = 4，广南 = 3，梁河 = 2，德钦 = 1	3.34	1.29	1	5	344
sex	男性 = 1，女性 = 0	0.89	0.31	0	1	344
age	15 ~ 20 岁 = 1，21 ~ 30 岁 = 2，31 ~ 40 岁 = 3，41 ~ 50 岁 = 4，51 ~ 60 岁 = 5，60 岁以上 = 6	4.12	0.97	1	8	344
age2	年龄段的平方值	17.93	8.31	1	64	344
edu	小学及以下 = 3，初中 = 6，高中或中专 = 9，大专及以上 = 12	4.81	2.01	3	12	344
farm	纯农户 = 0，兼职农户 = 1	1.43	0.50	1	2	344
cult	不养殖 = 0，家禽养殖 = 1，家畜养殖 = 2，其他 = 3	1.44	0.91	0	3	344
plant	不种植 = 0，粮食种植 = 1，蔬菜种植 = 2，其他 = 3	1.45	1.05	0	3	344
area	种植面积	4.49	1.97	1	15	344

续表

变量名	定义及赋值	平均值	标准差	最小值	最大值	样本量
sale	无处销售 =0，自己销售 =1，农贸销售 =2，商贩收购 =3，企业收购 =4，合作社收购 =5	2.68	1.45	0	5	344
lnper	家庭人均年收入（取自然对数）	8.59	0.50	7.34	9.70	344
enter	加入合作社 =1，未加入合作社 =0	0.65	0.48	0	1	344

经过数据的描述统计发现，在有效问卷的 344 户农户中，加入合作社的占总户数的 65%。表 2－1 中给出了本书实证研究中需要用到的相关变量的定义及数据特征，其中有几个变量需要具体解释一下。

户主户籍（huji）的选取：我们根据调查地到省会昆明市的距离，分别赋值 1～5。户主年龄（age）的选取：我们将不同的年龄段进行划分，因为劳动水平在每个年龄段内的差距相对小，而不同年龄段才能反映出差距。户主受教育程度（edu）的选取：不同受教育程度代表的劳动能力和劳动创造性差距比较大，故变量值间的差值选为 3。家庭类型（farm）的选取：家庭类型主要分为纯农户和兼职农户，所调查的农户家里都有预留农地，家庭劳动力都留在家里种地的是纯农户，劳动力中有部分外出劳动的是兼职农户。养殖类别（cult）的选取：不同农户养殖的家禽、家畜类别不同，我们把主要养殖家禽的农户赋值 1，主要养殖家畜的农户赋值 2，养殖其他类别的农户赋值 3，不进行养殖的农户赋值 0。种植类别（plant）的选取：不同农户的农作物种植类别不同，我们把主要种植粮食的农户赋值 1，主要种植蔬菜的农户赋值 2，种植其他农作物的赋值 3，不进行种植的农户赋值 0。种植面积（area）的选取：农作物的种植面积是农业收入的重要衡量指标，我们用亩作为计量单位进行数据采取。农产品销售渠道（sale）的选取：我们将农户自己销售赋值 1，农贸销售赋值 2，商贩收购赋值 3，企业收购赋值 4，合作社收购赋值 5，无处销售赋值 0。家庭人均年收入（lnper）的选取：我们将农户的家庭人均年收入作为被解释变量，并取数值的自然对数以减少异方差。是否加入合作社（enter）的指标选取：本书主要研究的是加入合作社是否能提高农户的收入，所以将已经加入合作社的赋值 1，没有加入合作社的赋值 0。

2.3 加入合作社对农户收入水平影响的实证分析

农户的收入主要由家庭劳动力、农户特征、种植类别、养殖类别等因素决定。以下我们将建立以农户家庭人均年收入对数为解释变量的最小二乘回归模型。这里，我们同时还控制了两类其他变量：①农户户主的个人特征，主要包括性别、年龄等；②农户的家庭特征，主要包括养殖类别、种植类别、种植面积、农产品销售渠道等。据此，我们设立具体的计量回归模型。

模型 1：

$$\ln per_i = \beta_0 + \beta_1 enter_i + \varepsilon_i$$

模型 2：

$$\ln per_i = \beta_0 + \beta_1 enter_i + \beta_2 huji_i + \beta_3 sex_i + \beta_4 age_i + \beta_5 age2_i + \beta_6 cult_i + \beta_7 plant_i + \beta_8 area_i + \beta_9 sale_i + \varepsilon_i$$

模型 3：

$$\ln per_i = \beta_0 + \beta_1 edu_i + \beta_2 farm_i + \varepsilon_i$$

模型 4：

$$\ln per_i = \beta_0 + \beta_1 edu_i + \beta_2 farm_i + \beta_3 huji_i + \beta_4 sex_i + \beta_5 age_i + \beta_6 age2_i + \beta_7 cult_i + \beta_8 plant_i + \beta_9 area_i + \beta_{10} sale_i + \varepsilon_i$$

模型 5：

$$\ln per_i = \beta_0 + \beta_1 edu_i + \beta_2 huji_i + \beta_3 sex_i + \beta_4 age_i + \beta_5 age2_i + \beta_6 cult_i + \beta_7 plant_i + \beta_8 area_i + \beta_9 sale_i + \varepsilon_i$$

模型 6：

$$\ln per_i = \beta_0 + \beta_1 farm_i + \beta_2 huji_i + \beta_3 sex_i + \beta_4 age_i + \beta_5 age2_i + \beta_6 cult_i + \beta_7 plant_i + \beta_8 area_i + \beta_9 sale_i + \varepsilon_i$$

模型 7：

$$\ln per_i = \beta_0 + \beta_1 edu_i + \beta_2 farm_i + \beta_3 huji_i + \beta_4 sex_i + \beta_5 age_i + \beta_6 age2_i +$$
$$\beta_7 cult_i + \beta_8 plant_i + \beta_9 area_i + \beta_{10} sale_i + \beta_{11} enter_i + \varepsilon_i$$

其中，$\ln per$ 是农户家庭人均年收入的自然对数值，$enter$ 为农户是否加入合作社的虚拟变量，其余变量为回归模型中的控制变量。i 表示农户的个数，ε_i 为随机扰动项。

2.3.1 加入合作社对农户收入水平影响的初步检验

为了初步了解加入合作社是否会对农户的收入水平产生影响，我们先不考虑变量 $enter$ 是不是内生变量，直接实证研究加入合作社对农户收入水平的影响（见表 2 - 2）。

表 2 - 2　加入合作社对农户收入水平的影响（OLS 回归）

因变量	模型 1	模型 2
$enter$	0.1100 *** （0.0227）	0.0958 *** （0.0203）
$huji$		- 0.0193 * （0.0080）
sex		- 0.0191 （0.0418）
age		- 0.0468 （0.0667）
$age2$		0.0058 （0.0074）
$cult$		0.0255 * （0.0112）
$plant$		- 0.0075 （0.0111）
$area$		0.0337 *** （0.0062）
$sale$		0.0087 （0.0075）
常数值	3.6601 *** （0.0172）	3.6386 *** （0.1401）
观测值	344	344
F 统计值	23.57 ***	10.53 ***
R^2	0.0589	0.1887

注：（）内数值为回归系数的标准误；＊＊＊、＊＊、＊分别代表 1%、5%、10% 的显著性水平，余同。

从表 2 - 2 中可以看出，模型 1 是在没有加入控制变量下的回归结果，结果显示变量 $enter$ 的系数在 1% 的置信水平下显著为正，这表明加入合作社对提高农户收入有正向促进作用。在模型 2 中加入各项控制变量后，可以明显看出变量 enter 的系数值变小了，且显著性水平也降低了，不过数值仍为正。以上回归结果对比说明，加入合作社可以通过农户户主特征及农户家庭特征来间接提高农户收入。

以上回归估计结果只能是一般意义上的参考，并不能实际说明加入合作社对农户收入有显著的促进作用。主要原因在于，加入合作社与农户收入水平的改变可能并不是单向的因果关系。从传统的经济学意义上来讲，加入合作社以后能得到更高的经济收入是农户加入合作社的动机。而从国家政策层面来看，国家鼓励农村组建农民合作社，使得合作社成为以后农村发展的趋势。另外，现阶段在外打工的农民越来越多，为了减少农户在农业种植和养殖上的劳动量，加入合作社生产成为一种更便利的方式。因此，直接采用农户家庭人均年收入对虚拟变量 enter 进行回归将会导致估计的内生性，从而会使估计值存在误差。为了处理这一问题，本书将从 enter 这一变量中寻找工具变量。

2.3.2　工具变量的选取和检验

基于变量 enter 与农户收入水平的内生性问题，我们选取了两个工具变量。第一个工具变量来自问卷中的"您的受教育程度"问题。一般来说，受教育程度越高的人越能接受新事物，承受风险的能力越强。同时，户主的受教育程度越高，越倾向于外出工作，家庭中的剩余劳动力不足，这样的话就越会选择加入合作社。基于以上分析，我们选择变量 edu 作为工具变量，并且预期该变量对加入合作社具有正向效应。第二个工具变量来自问卷中的问题"您的家庭类型"。我们在问卷中设置了两类家庭类型：纯农户、兼职农户。调查显示，纯农户家庭农业劳动力充足，他们更倾向于自己生产，而兼职农户因为家庭中大量劳动力外出，更倾向于加入合作社生产。基于以上分析，我们选择变量 farm 作为工具变量。当然上述选用的两个工具变量也可能会存在弱工具变量的问题，在随后的研究中，我们将会对上述两个工具变量的相关性和外生性进行严格的计量检验以满足研究的需求。

下面，我们用 IV1、IV2 分别表示变量 edu、farm，并对工具变量进行第一阶段的回归检验（见表 2－3）。

表 2－3 工具变量下加入合作社对农户收入水平的影响（一阶段 OLS 回归）

因变量	模型 3	模型 4
edu（IV1）	0.0280*** （0.0041）	0.0247*** （0.0041）
farm（IV2）	0.2444*** （0.0171）	0.2377*** （0.0158）
huji		－0.0176*** （0.0056）
sex		－0.0062（0.0340）
age		0.0737（0.0475）
age2		－0.0071（0.0055）
cult		－0.0063（0.0096）
plant		－0.0110（0.0088）
area		0.0254*** （0.0047）
sale		0.0025（0.0058）
常数值	3.2478*** （0.0316）	3.0640*** （0.1000）
观测值	344	344
F 统计值	144.47***	48.09***
R^2	0.4677	0.5387

表 2－3 是加入工具变量后第一阶段的回归结果，从表中可以看出 edu 和 farm 两个工具变量都在 1% 的统计水平下显著。其中受教育程度变量（edu）对农户收入水平的影响显著为正，表示农户的受教育程度越高，他们会越愿意选择加入合作社，而加入合作社能显著提升他们的收入水平。家庭类型变量（farm）的回归系数也显著为正，说明家庭类型为兼职农户时，他们更愿意选择加入合作社，同时显著提升收入水平。

以上只是将我们寻找到的两个工具变量进行第一阶段回归，初步结果显示，两个工具变量在第一阶段的回归十分显著。接下来，如果要将这两个工具变量运用到我们的研究中，必须检验其外生性及其是否为弱工具变量（见表 2－4）。

表 2 - 4　外生性和弱工具变量检验

内生变量	偏 R^2 系数		调整 R^2 系数	
enter	0.0503		0.0247	
F 统计量	10.5221　（P = 0.0000）			
二阶最小乘数相对偏差	5%	10%	20%	30%
	10%	15%	20%	25%
二阶最小乘数 5% 的沃尔德检验	19.93	11.59	8.75	7.25
有限信息最大似然估计 5% 的沃尔德检验	8.68	5.33	4.42	3.92
卡方得分	0.7414　（P = 0.3892）			

对于外生性检验，本书通过过度识别检验法进行检验。从表 2 - 4 的检验结果中可以看出，萨根检验为 0.7414，P 值为 0.3892，故拒绝原假设，认为（*edu*，*farm*）外生，与扰动项不相关。弱工具变量的检验中，虽然偏 R^2 系数和调整 R^2 系数都不到 1，但 F 统计量为 10.5221（超过 10），同时 F 统计量的 P 值为 0.0000，说明我们寻找的两个工具变量不是弱工具变量。另外，表 2 - 4 中还显示，工具变量的 F 统计量大于名义显著性水平（5%），真实显著性水平不超过 15% 的临界水平，进一步表明不存在弱工具变量。

2.3.3　两阶段最小二乘法回归

我们在使用工具变量进行两阶段最小二乘法回归分析前，必须先检验所选取的变量是否为内生变量。在前面的分析中，我们将农户的受教育程度（*edu*）和家庭类型（*farm*）作为工具变量，并进行了一系列外生性和弱工具变量的检验。下面，我们将检验变量 *enter* 是否具有内生性。通过检验，我们得到豪斯曼检验中 χ^2 统计量为 140.56，其 P 值为 0.0000，同时 DWH 检验的 P 值为 0.0000，故强烈拒绝原假设。此外，为了检验的准确性，我们再次进行了稳健的内生性检验，其检验的 χ^2 统计量为 144.764，P 值为 0.0000，与豪斯曼检验结果相近，强烈拒绝原假设，故我们认为变量 *enter* 为内生解释变量。检验完内生性，就可以使用工具变量进行两阶段最小二乘法回归（见表 2 - 5）。

表 2 − 5　加入合作社对农户收入水平的影响（两阶段最小二乘法回归）

因变量	模型 5	模型 6	模型 7
enter	1.046 *** （0.3285）	1.4194 *** （0.3798）	1.2820 *** （0.2991）
huji	− 0.0292 （0.0200）	− 0.0330 （0.0267）	− 0.0316 （0.0241）
sex	− 0.1229 （0.1174）	− 0.1636 （0.1534）	− 0.1486 （0.1382）
age	− 0.2122 （0.1890）	− 0.2772 （0.2599）	− 0.2533 （0.2311）
age2	0.0170 （0.0212）	0.0214 （0.0292）	0.0198 （0.0261）
cult	0.0503 * （0.0280）	0.0602 （0.0375）	0.0566 * （0.0336）
plant	− 0.0338 （0.0302）	− 0.0441 （0.0363）	− 0.0403 （0.0336）
area	− 0.0007 （0.0187）	− 0.0142 （0.0222）	− 0.0092 （0.0196）
sale	0.0373 * （0.0209）	0.0486 * （0.0276）	0.0444 * （0.0243）
常数值	3.7074 *** （0.3936）	3.7344 *** （0.5346）	3.7245 *** （0.4821）
观测值	344	344	344
χ^2 统计值	27.89	26.52	34.61

表 2 − 5 是两阶段回归结果，从表中的回归结果来看，我们主要关注的变量 enter 的回归符号都为正，且数值都比表 2 − 2 中的要大，这表示内生变量的存在，使表 2 − 2 中的回归远远低估了加入合作社对农户收入水平的边际影响。为了检验我们对工具变量选择的准确性，我们将继续检验变量 edu、farm 是否存在冗余工具变量。冗余性检验后我们发现：变量 edu 进行冗余性检验时 χ^2 为 5.015，P 值为 0.0251，说明在 5% 的显著性水平下拒绝变量 edu 为冗余工具变量的原假设；变量 farm 进行冗余性检验时 χ^2 为 8.604，P 值为 0.0034，说明在 1% 的显著性水平下拒绝变量 edu 为冗余工具变量的原假设。

以上两阶段回归及冗余性检验证明了我们寻找的两个工具变量都是有效的。从模型 5 的回归估计结果可以看出，加入合作社对农户收入水平有显著的正向促进作用。同时，农户家庭的养殖类别赋值越高，销售渠道越广泛，对农户收入水平的正向影响越显著。此外，从回归结果中还可以看出，变量 huji 的系数为负，说明距离省会越近，农户的家庭收入状况会越好，但回归结果并不显著。相对于其他地区的农村来看，省城周边地区的农村在享受政策优惠方面具有优势，同时城市的辐射影响力更大。变量 sex

的系数为负，说明女性户主家庭比男性户主家庭的收入要高，但回归结果并不显著。相对于男性户主家庭，女性户主家庭一般很少出现懒户，这是最主要的原因。变量 *age* 的系数为负，说明户主越年轻，家庭人均年收入越高，但回归结果并不显著。变量 *age2* 的系数为正，说明年轻户主及老年户主家庭的人均年收入会高于中年户主。年轻户主家庭一般外出打工居多，收入较高；老年户主家庭一般儿孙满堂，收入比较平稳；中年户主家庭外出打工较少，同时家庭人口较多，收入不稳定。变量 *cult* 的系数显著为正，说明农户养殖类别的赋值越高，对农户收入水平的提高越有促进作用。在农村地区，家畜的单价要远大于家禽的单价，家畜养殖是一般农户收入的重要组成部分。变量 *plant* 和 *area* 的系数为负，说明农户的种植类别赋值越高，种植面积越大，种植的回报率越小，但回归结果并不显著。变量 *sale* 的系数显著为正，说明销售渠道是农产品收益多少的关键，农产品的销售渠道越广，越能给农户带来经济效益。

2.3.4 稳健性检验

为了检验上文估计结果的稳健性，本书使用对弱工具变量更不敏感的有限信息最大似然法（LIML）和广义矩估计法（GMM）做进一步的检验估计（见表 2 - 6）。

表 2 - 6 稳健性检验

因变量	LIML	GMM
enter	1. 3254 *** （0. 3191）	1. 2718 *** （0. 2958）
huji	- 0. 0321 （0. 0249）	- 0. 0319 （0. 0239）
sex	- 0. 1534 （0. 1426）	- 0. 1393 （0. 1375）
age	- 0. 2608 （0. 2395）	- 0. 2395 （0. 2280）
age2	0. 0203 （0. 0271）	0. 0183 （0. 0258）
cult	0. 0577 * （0. 0348）	0. 0566 * （0. 0333）
plant	- 0. 0415 （0. 0347）	- 0. 0452 （0. 0329）
area	- 0. 0108 （0. 0204）	- 0. 0095 （0. 0194）
sale	0. 0457 * （0. 0253）	0. 0432 * （0. 0241）

续表

因变量	LIML	GMM
常数值	3.7276 *** （0.4986）	. 3.7029 *** （0.4760）
观测值	344	344
χ^2 统计值	32.37	35.23

表 2-6 显示，不论是哪一种稳健性检验，从估计数值和显著性来看，基本上都与两阶段最小二乘法回归的结果相似，说明估计是稳健的，加入合作社确实对农户收入水平具有显著的正向促进作用。

2.3.5 进一步研究

前面我们在控制内生性问题后，通过两个工具变量检验了加入合作社对农户收入水平的影响，结果显示加入合作社对农户的收入水平具有显著的正向促进作用。然而，两阶段最小二乘法回归仅仅反映了在其他条件不变的情况下，农户的收入水平是如何随着加入合作社而变化的，却无法发现加入合作社对不同收入水平农户的影响效应。加入合作社对不同收入水平的农户的边际影响是否相同呢？为了进一步研究以上问题，我们进行了分位数回归。与两阶段最小二乘法回归不同的是，分位数回归在给定的情况下可以更加准确地反映因变量对自变量的边际影响。

通过上文的研究我们知道，变量 enter 是内生变量，故我们将继续采用基于工具变量法的两阶段分位数回归。

模型 8：

$$Q\tau(\mathrm{lnper}_i/X) = \alpha_0\tau + \alpha_1\tau enter_i + \alpha_2\tau huji_i + \alpha_3\tau sex_i + \alpha_4\tau age_i + \alpha_5\tau age2_i +$$
$$\alpha_6\tau cult_i + \alpha_7\tau plant_i + \alpha_8\tau area_i + \alpha_9\tau sale_i + v_i$$

在模型 8 中，$Q\tau(\mathrm{lnper}i/X)$ 表示在控制变量 X 已知条件下第 i 个个体对农户收入水平的 τ 分位数，$\tau \in$ （0，1），v_i 为随机扰动项。在本书的分位数回归中，我们取 $\tau = 0.1$、0.25、0.5、0.75 和 0.9 这五个分位数进行估计（见表 2-7）。

表 2 - 7   加入合作社对农户收入影响的分位数回归

因变量	(1) τ = 0.1	(2) τ = 0.25	(3) τ = 0.5	(4) τ = 0.75	(5) τ = 0.9
enter	1.5564 ***	1.4623 ***	1.2074 ***	1.2414 ***	1.0273 ***
	(0.1632)	(0.1165)	(0.0732)	(0.0813)	(0.0540)
huji	- 0.0328 ***	- 0.0306 **	- 0.0276 **	- 0.0289 *	- 0.0217 **
	(0.0113)	(.0092)	(0.0060)	(0.0066)	(0.0036)
sex	- 0.0133	- 0.1637 **	- 0.1603	- 0.1689	- 0.2713 **
	(0.0646)	(0.0782)	(0.0279)	(0.0307)	(0.0239)
age	- 0.4160	- 0.3239	- 0.3232	- 0.3050	- 0.0987
	(0.0834)	(0.0782)	(0.0543)	(0.0578)	(0.0437)
age2	0.0397	0.0276	0.0280	0.0253	0.0004
	(0.0097)	(0.0089)	(0.0062)	(0.0071)	(0.00529)
cult	0.0542 ***	0.0693 ***	0.0685 **	0.0838 ***	0.0169 ***
	(0.0132)	(0.0131)	(0.0089)	(0.0098)	(0.0073)
plant	- 0.0754 ***	- 0.0666 *	- 0.0339 ***	0.0023 **	- 0.0249
	(0.0187)	(0.0129)	(0.0077)	(0.0084)	(0.0043)
area	- 0.0135	- 0.0082 **	- 0.0040	- 0.0080 ***	0.0309 ***
	(0.0109)	(0.0080)	(0.0048)	(0.0052)	(0.0034)
sale	0.0544 ***	0.0511 *	0.0444	0.0389	0.0338 **
	(0.0116)	(0.0087)	(0.0057)	(0.0064)	(0.0046)
常数值	3.5930 ***	3.6792 ***	3.8576 ***	3.8689 ***	3.7776 ***
	(0.1677)	(0.1571)	(0.1128)	(0.1158)	(0.0882)
观测值	344	344	344	344	344
R^2	0.0517	0.0767	0.1467	0.1797	0.2326

从表 2 - 7 可以看出，加入合作社对农户收入水平在 0.1、0.25、0.5、0.75 和 0.9 分位数下都有显著的正向促进作用，说明加入合作社对各个收入层次农户的家庭人均年收入都有积极的促进作用，加入合作社有利于农户家庭的发展。同时，从加入合作社对农户收入水平各个分位数的影响水平来看，加入合作社对农户收入水平的影响基本呈一种线性递减的趋势。也就是说，从 0.1 分位数到 0.9 分位数的回归系数基本呈减小的趋势，表明加入合作社对低收入农户的影响更大，而对中高收入农户的影响较小。此外，我们发现 0.5 分位数和 0.75 分位数的回归系数比较接近，说明加入合作社对中等收入农户的影响是比较均衡的。同时表中还可以看出，0.1

分位数的回归系数比其他分位数的回归系数高出很多,说明加入合作社更有利于提高低收入农户家庭的收入,这证实了政府为什么鼓励建档立卡贫困户加入当地的合作社。

2.4 结论与政策含义

精准扶贫工作开展以来,农民合作社成为农村地区发展产业、提高农民经济效益的重要手段,同时经济效益也是农户选择是否加入合作社的重要考量因素。本书通过各项调研数据和指标,在通过工具变量控制内生性问题后进行了一系列回归分析,发现加入合作社确实对农户的收入水平有显著的正向促进作用。同时,我们还采用分位数回归研究了加入合作社对不同收入水平农户的影响,发现加入合作社对不同收入水平农户的影响基本呈线性递减趋势,即对低收入农户的影响相对较大,而对中高收入农户的影响较小,并且低收入农户的受益程度远高于其他农户。

从本书的研究中,我们总结了以下几点政策建议。

第一,农民合作社确实有利于提高农户的收入水平,各地政府要不断鼓励农户特别是低收入农户加入有发展前景的当地合作社组织。农村地区尤其是中西部农村地区的生产水平低下、技术水平落后、交通条件不便,只有靠村委会和全体农户的共同努力,才能摆脱生活贫困的现状。

第二,低收入农户是农村的弱势群体,解决低收入农户的收入来源问题是政府一直在解决的重大任务。农民合作社是实现低收入农户收入增长的重要手段,各地政府及地方村委会应积极鼓励低收入农户参加合作社,从合作社获得帮助,从而提高收入。

第三,通过不断地再教育提升农户的文化素质。调查数据显示,农户的受教育程度集中在小学、初中,农村的生产经营水平在很大程度上受限于农户的受教育程度。回归结果显示,受教育程度对农户加入合作社以及提高收入水平具有积极作用。农户文化素质的提高对现代化农民合作社的发展具有重要的作用,也是农业技术现代化的必然要求。一方面,政府可以对农户进行定期的知识培训和生产指导教育,对农户的文化欠缺进行相应弥补；另一方面，政府要严厉杜绝农户家庭出现义务阶段辍学的情况，同时积极鼓励和扶持农户家庭高层次教育阶段的学生。

第四，针对不同形式的合作社组织，政府要在政策上给予更多的支持，完善各合作社的产权、规章制度，确保合作社的经营状况公开，同时要做到为民服务。地方政府特别是地方村委要准确定位，全方位地支持和帮助合作社开展生产经营，并严格监督合作社的经营状况及收支分配情况。另外，各地政府要对合作社提供相应的技术支持、基础设施支持以及销售渠道支持等，做到合作社真正有利于脱贫解困，真正有利于新农村的建设和发展。

| 第 3 章 |

农民合作社的反贫困绩效

——以云南省梁河县为例

3.1 引言

　　农民合作社的益贫性在农村贫困治理领域具有不可忽视的作用，这使其成为反贫困的理想载体。虽然农民合作社的扶贫功能已经得到政学两界的肯定，但其在扶贫中的作用机制、作用效果及衡量等问题仍有待深入探讨。基于此，本书运用贫困理论与扶贫理论，结合欠发达地区的社会背景和农民合作社的实际情况，研究农民合作社的反贫困绩效。通过研究，一是有利于农民合作社掌握自身扶贫成效；二是有助于政府部门了解农民合作社的扶贫效果，为扶贫资源分配和农民合作社评级提供理论支撑；三是有助于扶贫资金精准投放，助力脱贫攻坚，加快乡村振兴。

3.2 农民合作社反贫困绩效的文献综述

3.2.1 农民合作社反贫困研究

　　目前，关于农民合作社反贫困的研究主要集中于以下三个方面。

　　第一，农民合作社反贫困功能价值研究。国外学者强调农民合作社在反贫困中的重要地位，认为其对支持民生发展和减贫有重要帮助（Getnet

& Anullo，2012），在农民生产生活中发挥了节约成本、提高收入和储蓄的功能。在我国脱贫攻坚的政策背景下，农民合作社参与扶贫被广泛关注，有学者认为农民合作社具有与生俱来的益贫性（李如春、陈绍军，2017），具有"内源驱动"特征（徐旭初，2016），能发挥市场进入（陈莉、钟玲，2017）、价格改进（桂玉，2017）、收益返还（刘海波，2017）等功能。

第二，农民合作社反贫困实践困境研究。我国农民合作社正处于快速发展阶段，相关制度不够健全，多元主体参与下的异化问题，尤其是对贫困农户相关权益排斥的问题特别突出（Majee & Hoyt，2011；赵晓峰、邢成举，2016）。当前农民合作社的反贫困实践主要面临市场经营能力不足（邵科、于占海，2017）、内部规范水平不高（廖文梅等，2016）、用地和信贷受限（刘海波，2017）、扶贫路径单一（黄承伟，2017）和农民技能水平偏低（徐峰，2016）等问题。

第三，农民合作社扶贫对策研究。国外学者对农民合作社参与扶贫进行了一些个案研究，如分析了奶牛、咖啡等合作社对不同家庭脱贫的影响（Basu & Chakraborty，2008；Ruben & Heras，2012），并提出参与式扶贫与发挥社区作用的理念（Ozdemir & Gulen，2013）。我国学者基于地方特色资源，分别对典型县市（李兴华等，2017）、集中连片特困地区（唐建兵，2016）和经济区（吕国范，2014）等进行了合作社参与扶贫的案例研究，探索了农民合作社助力脱贫攻坚的创新机制，包括农民合作社治理机制（秦德智等，2016）、贫困农户互助机制（田晓涵、井立义，2016）、合作社间合作机制（黄林、李康平，2017）、政策构建机制（徐麟辉，2015）等，形成了具有各地特色的扶贫经验，具有非常重要的现实意义。

3.2.2 反贫困绩效研究

有关反贫困绩效的研究相对较少，主要集中在区域的反贫困绩效研究、扶持资金的反贫困绩效研究和扶贫政策绩效研究等方面。庄天慧等（2012）从温饱水平、生产生活条件、生态环境和发展能力四个方面研究了西南少数民族地区扶贫的综合绩效。李苗、崔军（2017）对中央财政专项扶贫资金的管理使用进行了绩效评价。焦克源、吴俞权（2014）选择效率、合作性、公平性和可持续性四个维度，建立了一套针对专项扶贫政策的绩效评估体系。

我国反贫困绩效评价主要考核"输血"任务的完成程度（徐莉萍等，2013）。有些学者选择直接效果、经济发展水平、解困措施作为主要评价指标（陈小丽，2015），只关注贫困户的经济增长量，忽略了贫困户的经济增长效率与质量，使得我国反贫困绩效的边际效应呈递减趋势（高波、王善平，2014），所以要对现有反贫困模式进行创新，提高我国反贫困绩效的水平（徐孝勇等，2010）。庄天慧等（2014）提出生活方式决定是否贫困，并且从生活水平、生活认可以及生活参与三个方面着手，构建了民族地区反贫困绩效指标体系，反映了现代文明生活方式下的反贫困绩效水平。王善平、金妍希（2013）系统分析了我国反贫困绩效审计只看重绩效结果导致的相关问题。

3.2.3 农民合作社反贫困绩效研究

绩效是对组织运营效果和功能发挥情况的一种综合性衡量（Peter，2010），因此农民合作社反贫困绩效主要是对合作社扶贫功能发挥情况的衡量。中国精准扶贫政策正式发布后，学界的理论研究才逐步跟进，导致精准扶贫的理论研究缺乏前瞻性与预见性。李芬、李子强等（2018）对坝山村的合作社进行对比绩效评估，得出合作社在收入扶贫、生活扶贫、能力扶贫和社会效益等方面都有显著的成效。袁宇星、侯宇等（2012）利用在湖北省罗田县调研得到的数据，通过财政扶贫资金对贫困户的瞄准度、财政扶贫资金的使用效率、资金的安全性、农户参与度四个指标对该县第一批成立的四个扶贫互助合作社的运作绩效进行了考察，综合分析之后得出结论并提出了相应建议。

综上所述，农民合作社对解决贫困问题有着重要的作用，但是当前的研究仍存在以下不足：扶贫不仅是提高贫困人口的经济收入，还要通过扶贫不断提升贫困人口的自我发展能力，更重要的是要提升贫困人口的幸福感和尊严，促进机会和权利平等，因此需要对不同类型合作社的反贫困实践进行分类研究；既有研究更多的是把合作社参与扶贫作为一个"整体"

来看待，对其内部扶贫机制的研究还有待进一步深入；目前有关反贫困的研究多数侧重于宏观层面，对微观层面的反贫困关注较少，而农民合作社是扶贫工作的具体实施者和重要载体，关系到扶贫的成败，有必要对农民合作社的反贫困进行研究。因此，本书拟在已有研究成果及实地调研的基础上，进一步明晰农民合作社的反贫困机制，探索其反贫困的构成维度。本研究紧扣发挥农民合作社的经济带动作用，研究结果既有助于发展规模经营、培育新型农业经营主体，同时也有助于缩小我国区域、城乡发展差距，进一步解决人民日益增长的美好生活需要和不平衡不充分的发展之间的矛盾。

3.3 农民合作社的反贫困机制

3.3.1 农民合作社联合多主体的合作反贫困机制

反贫困工作不是依靠单一主体的投入就可以完成的，而是需要发挥贫困户的主体作用、政府的主导作用、市场的基础作用、社区的促进作用和农民合作社的联结作用，五方面形成合力（见图 3 - 1）。农民合作社特有的组织形式可以快速实现政府扶贫资源的承接，贫困户劳动力资本和土地资源的整合，以及社区农户凝聚力的形成。整合资源、扩大规模，快速将小规模分散生产与大市场进行有效对接，从而在现代农业经营体系中发挥组织带动作用。

（1）农民合作社与政府。农民合作社是贫困户和政府衔接沟通的桥梁，处于"上传下达"的位置。农民合作社能够"上传"贫困户的想法和需求，"下达"政府的扶贫资源和政策，最终实现扶贫资源优化配置。

（2）农民合作社与市场。加入农民合作社有利于改变贫困户弱势的市场地位，形成规模经济，增强其抵御自然灾害和市场风险的能力，提高经营的组织化程度，实现价格改进和贫困户增收。

（3）农民合作社与社区。农民合作社根植于农村社区，通过创造农业产业体系、完善基础设施、提供就业岗位等帮助农村社区发展。虽然许多农民合作社对社员资格有一定限定，致使部分贫困户不能直接参与，无法分享合作社发展带来的直接利益。但是，通过"涓滴效应"，贫困社区的经济发展可以自动影响贫困群体，未入社的贫困户最终也能从合作社的整体发展中受益。

（4）农民合作社与贫困户。农民合作社是基于血缘、亲缘、地缘成立的组织，熟人社会的组织和运行逻辑使其对社员农户以及非社员农户都很了解，既可以精准识别和瞄准贫困户，实施精准扶贫方式完成脱贫任务，又可以增强贫困户的发展能力，实现"扶智"。

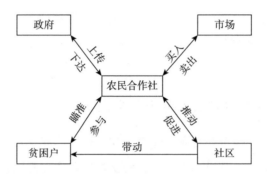

图 3 - 1　农民合作社联合多主体的合作反贫困机制

3.3.2　农民合作社反收入贫困机制

目前，农民合作社实现贫困户增收的效果已经被诸多学者证实。农民合作社把贫困户组织到一起，形成生产上的规模经济效应，从而降低农产品的生产和流通费用，分散农户的自然灾害和市场竞争风险，提升农产品的竞争力，增加农产品的销售收益，提高贫困户的收入水平，从而调动贫困户参与农民合作社的积极性和主动性。农民合作社促进贫困户增收的具体方式如下。

（1）市场对接。贫困户缺乏人力资源和社会资本，自己生产的农产品可能会卖不出去，顺利销售农产品是农户的头等大事。农民合作社与市场对接，开展订单农业，从而改变传统小农户对接大市场的弱势地位，实现农产品的顺利销售。

（2）价格改进。价格改进既包括生产成本的降低，也包括销售价格的提高。分散农户通过农民合作社联合起来，从而获得市场价格谈判能力。农民合作社通过标准化生产与品牌化经营，帮助农户提升农产品品质，进一步增强其市场价格谈判能力，进而争取更具竞争性的农业生产资料价格和产出农产品价格，最终实现社员的产品价格高于市场价格，为社员提供的农业生产资料的价格低于市场价格，从而帮助社员获得更高收入。

（3）盈余返还。盈余返还一般包括按交易额（量）返还和按出资比例返还，由于贫困社员的出资能力有限，按交易额（量）返还就显得比较重要。参与农民合作社能帮助小农户获得生产的规模经济效应，节约因不完全信息以及资产专用性的存在而产生的交易费用，从而获得更多的利润返还。

3.3.3 农民合作社反能力贫困机制

扶贫事业重视培育新型农业经营主体等内生力量，以提升贫困群体的发展能力，激发扶贫的原动力。原有的扶贫路径主要是物质资本投入和政策措施倾斜，而乡村振兴战略强调扶贫要注重提升贫困户的发展能力，注重"扶志""扶智"，培育提升贫困群众发展生产和务工经商的基本能力。农民合作社作为新型农业经营主体之一，其扶贫的优越性在于它兼顾科技的支柱性作用和贫困人口的主体性作用，是对接农业科技的载体、传播科学技术的平台和社员农户的培训学校。

农民合作社通过技术推广提升农民的个人能力。农民合作社引进先进、适用的新品种和种养新技术，通过宣传推广、技术指导及技术培训等方式传授给贫困农户，将其转化为新生产力。在传达农业知识的同时，农民合作社也提高了农村居民的社会适应性和竞争力，弥补了农民在新经济背景下的能力缺陷。

农民合作社通过教育培训提升农民的个人能力。教育是促进知识传播、提升人力资本、解决能力贫困与主观贫困问题以及促进贫困地区自我发展的最有效途径之一。农民合作社对农户进行教育培训，为农民提供信息网络和社交平台，提高社员的劳动技能、科技水平和管理才能，实现了农户人力资本的积累，不仅有利于解决当前的贫困问题，更为提供了对返贫的"免疫力"。

3.3.4　农民合作社反权利贫困机制

贫困不仅是物质的匮乏，更是权利和机会的缺失。新时期的扶贫事业强调公平性，要求加强贫困户的民主参与权利，帮助贫困户恢复话语权，建立合理的利益表达机制，争取正当权利。从整体层面来看，农民合作社在政府和贫困户之间起着"上传下达"的作用，"上传"贫困户的现实状况和实际需求，提升了贫困户的话语权，成为贫困户表达自身政治诉求的有效渠道。从个体层面来看，在农民合作社中，贫困户拥有平等参与公共事务讨论和决策的权利，民主意识和参与意识得到加强，主人翁意识和归属感得到提高，从自己的自由投票中体会到自身的尊严和人与人之间的平等。农民合作社提供信息平台和农业技术，逐步增强贫困户的自信心，发挥其主动性和创造性。此外，农民合作社为社员提供就业和增收机会，由此获得的收入用于子女教育，能够有效缓解贫困的代际传递。

3.4　农民合作社反贫困绩效的评价体系

基于以上分析，本书把农民合作社的反贫困绩效分为反收入贫困绩效、反能力贫困绩效及反权利贫困绩效三个维度。

3.4.1　反收入贫困绩效

反收入贫困是农民合作社反贫困的首要内容。从制度经济学角度来看，参加农民合作社降低了农产品生产和流通的费用，提高了社员的收入，通过盈余返还进一步实现社员反贫增收。此外，农民合作社在追求组织绩效过程中会对贫困户产生正向溢出效应，例如在产业发展过程中，农民合作社创造出很多就业机会，还会收购非社员贫困户的农产品，贫困户由此间接受益。正因为如此，反贫困不仅要考虑农民合作社对社员农户的直接效应，还要考虑对非社员农户的外部溢出效应。因此，反收入贫困绩效评价既要考虑直接经济收入层面的指标，又要考虑经济溢出效应层面的指标，具体可通过提升农产品价格、降低营销成本、降低生产费用、参加分红、在合作社务工等指标进行评价。

3.4.2 反能力贫困绩效

反能力贫困是农民合作社反贫困的重要内容。农民合作社具备科学技术创新和科学技术传播的功能，通过技术创新投入促进技术进步，提升生产效率和科技扶贫贡献度。教育具有基础性、先导性和持续性作用，是促进知识传播、提升人力资本、解决能力贫困问题和促进贫困地区自我发展的最有效途径之一。一系列教育与培训活动提高了农民获取、吸收和交流知识的能力，激发了其原动力，提升了其自我发展能力。技术引进和社员培训促进了农产品质量的提升，让农业生产真正实现标准化和专业化，使贫困社员会使用电子商务平台销售农产品等。因此，反能力贫困绩效评价应将获得培训次数、获得田间指导次数、提高农产品质量、通过电商平台销售农产品等指标纳入其中。

3.4.3 反权利贫困绩效

反权利贫困是农民合作社反贫困的核心内容。依托农民合作社实现农村扶贫目标，关键在于吸纳贫困农户广泛参与农民合作社。政府部门对农民合作社，尤其是对以脱贫为目标的合作社的扶持，应以合作社积极吸纳贫困户为前提条件。合作社中建档立卡贫困户的数量既表明贫困户是否享有加入合作社的机会，也反映贫困户加入合作社的难易程度，是合作社反权利贫困绩效的最直接反映。《农民专业合作社法》规定，加入合作社后，贫困社员拥有优惠获得种苗、优惠获得农资、获得农业信息、获得合同保障、获得小额贷款及土地入股等权利，以上内容也构成了反权利贫困绩效的评价指标。

综合以上内容，农民合作社反贫困绩效评价体系如表 3 - 1 所示。

表 3-1 农民合作社反贫困绩效评价体系

目标层	一级指标	二级指标	指标解释
农民合作社反贫困绩效（A）	反收入贫困绩效（B₁）	提升农产品价格 C_1	与加入合作社前相比，贫困农户销售农产品的价格明显提升
		降低营销成本 C_2	与加入合作社前相比，贫困农户的营销成本明显降低
		降低生产费用 C_3	与加入合作社前相比，贫困农户的生产费用明显降低
		参加分红 C_4	贫困社员获得合作社盈余分配的可能性比较大
		在合作社务工 C_5	与加入合作社前相比，贫困农户在合作社务工的机会明显增多
	反能力贫困绩效（B₂）	获得培训次数 C_6	与加入合作社前相比，贫困农户获取培训的次数明显增加
		获得田间指导次数 C_7	与加入合作社前相比，贫困农户获得田间指导的次数明显增加
		提高农产品质量 C_8	与加入合作社前相比，贫困农户生产的农产品质量明显提高
		通过电商平台销售农产品 C_9	与加入合作社前相比，贫困农户通过电商平台销售农产品的比例提高
	反权利贫困绩效（B₃）	优惠获得种苗 C_{10}	与加入合作社前相比，贫困农户获得优惠种苗的机会增多
		优惠获得农资 C_{11}	与加入合作社前相比，贫困农户获得优惠农资的机会增多
		获得农业信息 C_{12}	与加入合作社前相比，贫困农户获得农业信息的机会增多
		获得合同保障 C_{13}	与加入合作社前相比，贫困农户获得合同保障的机会增多
		获得小额贷款 C_{14}	与加入合作社前相比，贫困农户获得小额贷款的机会增多
		土地入股 C_{15}	与加入合作社前相比，贫困农户以土地入股合作社明显容易

3.5 农民合作社反贫困绩效评价体系实证分析

——以梁河县为例

3.5.1 梁河县简介

梁河县地处云南省德宏州东北部，辖 3 个镇（遮岛镇、芒东镇、勐养镇），6 个乡（平山乡、小厂乡、大厂乡、九保阿昌族乡、曩宋阿昌族乡、河西乡），62 个村民委员会，4 个居民委员会，397 个自然村，672 个村民小组，居住着傣族、阿昌族、景颇族、德昂族、傈僳族、佤族、汉族等多个民族。2018 年末，全县总人口 22.59 万，是一个非常典型的高寒山区贫困县，同时也是云南省 73 个国家扶贫开发工作的重点边疆贫困县之一。梁河县是一个以种植粮食、甘蔗、茶叶和养殖禽畜为主的农业县，整体生活水平偏低，贫困范围广，贫困程度较深。

3.5.2 农民合作社反贫困绩效评价样本描述

3.5.2.1 样本来源库

根据梁河县的扶贫开发进度与贫困发生率，结合产业发展潜力、合作组织运行情况，调研组选择梁河县芒东镇、勐养镇、平山乡、小厂乡、九保阿昌族乡、曩宋阿昌族乡入社贫困农户为调研对象。调研时期为 2018 年 6 月至 2019 年 3 月，在调研过程中还对农民合作社的管理人员、贫困户代表、合作社社员、村干部、政府扶贫部门的工作人员进行了访谈。

农民合作社贫困社员调查问卷主要包括三个部分：第一部分为贫困社员基本信息，主要是年龄、性别、受教育程度、致贫原因等；第二部分为受访者参与合作社情况，主要是合作社组织培训次数、从合作社得到了哪些扶持和帮助等；第三部分是贫困社员对合作社的满意度，主要是对加入合作社后获得更多农业信息的满意度、对提高农产品价格的满意度、对降低营销成本的满意度等。本次调查共发放调查问卷 200 份，收回有效问卷 122 份。122 位贫困社员致贫原因分布情况如下：孤儿 3 人、孤寡老人 10 人、丧失劳动力 27 人、因病因灾 13 人、其他原因 79 人[①]。其他具体情况如表 3 - 2 所示。

表 3 - 2　样本分布

镇/乡	贫困户数量（人）	占比（%）
芒东镇	49	40.16
勐养镇	9	7.38
平山乡	27	22.13

---

① 有多个贫困社员的致贫原因为多个。

镇/乡	贫困户数量（人）	占比（%）
小厂乡	6	4.92
九保阿昌族乡	12	9.84
曩宋阿昌族乡	19	15.57
合计	122	100

本次调查共走访 27 个农民合作社，其中种植型合作社 13 个，养殖型合作社 11 个，3 个为综合性合作社。按地理分类，具体情况如表 3-3 所示。

表 3-3　合作社类型

镇/乡	合作社数量	粮食	水果	菌类	茶叶	油料	养殖	蔬菜	其他
芒东镇	10			9	2		33		5
勐养镇	5						3		6
平山乡	6				18	1	5		1
小厂乡	3	1					1	2	3
九保阿昌族乡	1							12	1
曩宋阿昌族乡	2						18		1
合计	27	1		9	20	1	60	14	17

注：有些合作社是混合生产，比如既生产粮食又生产茶叶。

3.5.2.2　农民合作社反贫困绩效评价样本基本特征

通过 Excel 对 122 份贫困户的基本信息进行描述性统计，主要从个人、家庭、合作社三个层面进行统计描述（见表 3-4、表 3-5、表 3-6）。

根据表 3-4，在所调查的 122 名贫困户中，有 112 名男性，10 名女性；年龄层次集中在 36~50 岁，表示受访者中劳动力较为充沛；受教育程度大多在初中及以下，说明整体受教育程度不高。

表 3-4　个人特征

属性	选项	人数（人）	占比（%）
性别	男	112	91.80
	女	10	8.20

续表

属性	选项	人数（人）	占比（%）
年龄	18～35 岁	17	13.93
	36～50 岁	78	63.93
	51～60 岁	18	14.76
	其他	9	7.38
受教育程度	小学及以下	42	34.43
	初中	73	59.84
	高中或中专	4	3.28
	大专及以上	3	2.46

根据表 3 - 5，劳动力人数 1～2 人所占比例最多，达到 63.11%，其次是 3～4 人，占 32.79%；耕地面积在 0～3 亩的占 50.00%；从 2018 年家庭年纯收入来看，30.33% 的受访者家庭年纯收入为 20001～30000 元，28.69% 的受访者家庭年纯收入为 10000～20000 元，总体上低于全国平均家庭年纯收入；纯农户占比达到 72.13%。

表 3 - 5　家庭特征

属性	选项	人数（人）	占比（%）
劳动力人数	0 人	1	0.82
	1～2 人	77	63.11
	3～4 人	40	32.79
	其他	4	3.28
家庭年纯收入	10000 元以下	29	23.77
	10000～20000 元	35	28.69
	20001～30000 元	37	30.33
	其他	21	17.21
耕地面积	0～3 亩	61	50.00
	4～6 亩	40	32.79
	7～9 亩	13	10.66
	其他	8	6.56
纯农户	是	88	72.13
	否	34	27.87

根据表 3 - 6，共有 122 人认为合作社的宣传到位，这一结果符合当今我国农村现状；合作社的培训次数集中在 1 ~ 2 次/年，占比达到 63.93%，其次是 3 ~ 4 次/年和 5 ~ 6 次/年，但仍有 4.92% 的合作社没有对社员进行过培训；从盈余分红的统计结果可以看到，超过一半合作社没有严格遵守盈余分红制度，只有 49.18% 的合作社进行了分红；从社员对合作社扶贫态度的满意度来看，大多数社员还是比较认可的，其中满意的占 58.20%，非常满意的占 17.21%，但仍有 18.85% 的社员认为合作社的扶贫态度一般；从社员对农民合作社扶贫工作透明度的调查来分析，满意（49.18%）和非常满意（16.39%）占了绝大多数。

表 3 - 6　合作社特征

属性	选项	人数（人）	占比（%）
合作社宣传是否到位	是	122	100
	否	0	0
培训次数	0 次/年	6	4.92
	1 ~ 2 次/年	78	63.93
	3 ~ 4 次/年	21	17.21
	5 ~ 6 次/年	16	13.11
	其他	1	0.82
盈余分红	是	60	49.18
	否	62	50.82
扶贫态度	非常不满意	6	4.92
	不满意	1	0.82
	一般	23	18.85
	满意	71	58.20
	非常满意	21	17.21
扶贫工作透明度	非常不满意	4	3.28
	不满意	4	3.28
	一般	34	27.87
	满意	60	49.18
	非常满意	20	16.39

3.5.3 农民合作社反贫困绩效评价实证方法的选择

目前大部分学者在农民合作社绩效评价的指标权重计算过程中采用主观赋权法或客观赋权法。主观赋权法主要是层次分析法以及专家赋权法，这两种方法是相关专家根据自身的经验、知识确定权重，主观特征比较明显。而客观赋权法主要是采用熵权法，通过客观数据确定权重，优点是客观性较强，缺点是没有从实际情况出发，可能会导致得出的权重与实际重要程度相悖。为了使指标权重更合理，本书将层次分析法和熵权法结合起来使用。

3.5.4 农民合作社反贫困绩效评价实证结果

3.5.4.1 农民合作社反贫困绩效指标权重计算

1. 层次分析法

层次分析法的重点在于判断矩阵，对矩阵元素值进行明确，涉及两个步骤：一是挑选专家组成员；二是专家进行打分。本书专家组成员构成如下：农业政府部门工作人员 1 名、高校教师 4 名、合作社社长 2 名、扶贫一线工作人员 2 名。在专家打分阶段，尤其是建立判断矩阵时往往会存在主观性比较突出的情况，为了减弱影响，利用德尔菲法对其进行优化。汇总 9 份专家问卷调查表，将每位专家的打分情况收集到判断矩阵集中，并用层次分析软件对判断矩阵集进行加权几何平均。根据模型设目标层为 A，将反收入贫困绩效、反能力贫困绩效、反权利贫困绩效分别设为 B_1、B_2、B_3。方案层的 15 个子因素分别设为 C_1、C_2、C_3、C_4……C_{15}。汇总数据与计算，获得农民合作社反贫困绩效指标的权重（见表 3 - 7）。

2. 熵权法

（1）对数据进行归一化处理。由于各项指标的计量单位并不统一，因此在计算综合权重前先要对它们进行标准化处理，即把指标的绝对值转化为相对值，并令 $x_{ij} = |x_{ij}|$，从而解决各项指标的同质化问题。而且，由于正向指标和负向指标数值代表的含义不同（正向指标数值越高越好，负

向指标数值越低越好），因此对正负指标运用不同的算法进行数据标准化处理。本书中都是正向指标，具体方法如下：

$$x_{ij} = \frac{x_{ij} - \min\{x_{1j}, \cdots, x_{nj}\}}{\max\{x_{1j}, \cdots, x_{nj}\} - \min\{x_{1j}, \cdots, x_{nj}\}}$$

（2）计算第 j 项指标下第 i 方案指标值的比重 p_{ij}：

$$p_{ij} = \frac{x_{ij}}{\sum_{i=1}^{n} x_{ij}} (j = 1, 2, \cdots, m)$$

（3）计算第 j 项指标的熵值 e_j：

$$e_j = -k \sum_{i=1}^{n} p_{ij} \ln p_{ij}$$

其中 $k = 1/\ln(n)$，满足 $e_j \geq 0$。

（4）计算信息熵冗余度：

$$g_j = 1 - e_j$$

（5）计算各项指标权重：

$$w_j = \frac{g_j}{\sum_{j=1}^{m} g_j}$$

（6）计算综合得分：

$$s_i = \sum_{j=1}^{m} w_j p_{ij}$$

采用熵权法计算权重的过程通过 Matlab 编程来实现，结果如表 3 - 7 所示。

3. 综合赋权

将用层次分析法得到的主观权重和用熵权法得到的客观权重综合起来，为使综合的权重尽可能地反映客观评价信息，综合权重取主观权重和客观权重的平均值，如表 3 - 7 所示。

表 3 - 7　农民合作社反贫困绩效指标权重

目标层	一级指标	二级指标	层次分析法	熵权法	综合赋权
农民合作社反贫困绩效	反收入贫困绩效 (0.2991)	提升农产品价格	0.1579	0.0112	0.0845
		降低营销成本	0.0702	0.0124	0.0413
		降低生产费用	0.0532	0.0136	0.0334
		参加分红	0.0584	0.0888	0.0736
		在合作社务工	0.0405	0.0920	0.0663
	反能力贫困绩效 (0.4332)	获得培训次数	0.1149	0.0121	0.0635
		获得田间指导次数	0.1494	0.0734	0.1114
		提高农产品质量	0.1236	0.0063	0.0650
		通过电商平台销售农产品	0.1203	0.2662	0.1933
	反权利贫困绩效 (0.2678)	优惠获得种苗	0.0144	0.1003	0.0573
		优惠获得农资	0.0175	0.0907	0.0541
		获得农业信息	0.0167	0.0065	0.0116
		获得合同保障	0.0209	0.0074	0.0141
		获得小额贷款	0.0225	0.1164	0.0694
		土地入股	0.0197	0.1028	0.0613

从表 3 - 7 可以看出，反能力贫困绩效所占的权重最大（43.32%），其次为反收入贫困绩效（29.91%）和反权利贫困绩效（26.78%），这一结果与我国政策相契合，只有贫困社员的能力提升了，才能进一步提高贫困社员的收入与权利。

3.5.4.2　农民合作社反贫困绩效统计结果

梁河县农民合作社反贫困绩效统计结果如表 3 - 8 所示。

表 3 - 8　梁河县农民合作社反贫困绩效统计结果

调查区域	合作社名称	反收入贫困绩效值	反能力贫困绩效值	反权利贫困绩效值	绩效总值	排名	等次
芒东镇	梁河县利明食用菌种植专业合作社	22.24	30.18	16.86	69.28	6	中
	梁河县成志姬松茸种植专业合作社	21.74	30.86	20.50	73.11	1	良

续表

调查区域	合作社名称	反收入贫困绩效值	反能力贫困绩效值	反权利贫困绩效值	绩效总值	排名	等次
芒东镇	梁河县洒云师养殖专业合作社	20.60	26.67	17.26	64.54	14	中
	梁河县帮别村烟草种植专业合作社	20.50	25.94	14.19	60.63	20	中
	梁河县洒异新村家畜养殖专业合作社	20.20	24.88	17.49	62.57	18	中
	梁河县芒蒙养牛专业合作社	20.54	25.06	17.68	63.28	16	中
	梁河县盛荣生态茶叶种植专业合作社	19.55	24.88	14.04	58.47	22	差
	梁河县酒坞养蜂专业合作社	20.86	29.72	16.13	66.72	10	中
	梁河县定良养牛专业合作社	23.87	28.80	19.37	72.04	3	良
	梁河县羊顺养殖专业合作社	23.20	30.09	17.97	71.25	4	良
勐养镇	梁河县芒轩烤烟种植专业合作社	22.43	31.87	17.96	72.26	2	良
	梁河县发旺长养牛专业合作社	27.28	28.08	14.68	70.04	5	良
	梁河县青年牲畜养殖专业合作社	16.43	24.88	17.10	58.41	23	差
	梁河县芒轩烟草种植专业合作社	18.09	30.45	16.72	65.26	12	中
	梁河县勐养芒岗农机专业合作社	18.91	24.88	14.01	57.81	24	差
平山乡	梁河县上河苞谷专业合作社	17.25	22.74	13.82	53.81	26	差
	梁河县小元子茶苗专业合作社	21.03	28.08	14.44	63.55	15	中
	梁河县平山生态茶畜示范专业合作社	22.35	28.08	16.61	67.04	9	中
	梁河县三和茶叶种植合作社	24.08	25.94	18.05	68.06	8	中

续表

调查区域	合作社名称	反收入贫困绩效值	反能力贫困绩效值	反权利贫困绩效值	绩效总值	排名	等次
平山乡	梁河县小园子养鸡专业合作社	20.49	27.12	17.21	64.82	13	中
	梁河洪淋中草药种植基地	17.25	24.88	14.25	56.38	25	差
小厂乡	梁河县高山蔬菜种植专业合作社	18.72	24.88	17.00	60.60	21	中
	梁河县铓古山养猪专业合作社	16.53	22.71	13.59	52.83	27	差
	梁河县加传重楼种植专业合作社	21.73	26.74	14.25	62.72	17	中
九保阿昌族乡	梁河县九保常丰蔬菜种植专业合作社	21.67	28.24	18.71	68.61	7	中
曩宋阿昌族乡	梁河县茂红养殖专业合作社	19.71	25.61	15.91	61.23	19	中
	梁河县宋红畜牧养殖专业合作社	21.30	27.45	17.59	66.34	11	中

注：排名按照各合作社绩效总值大小进行；按照 9 位专家的建议，把合作社反贫困绩效分为 5 个等级：100~90 分为特优，90~80 分为优，80~70 分为良，70~60 分为中，低于 60 分为差。

3.6 结果讨论

由统计数据不难看出，现阶段梁河县农民合作社的反贫困绩效总体上一般，平均得分为 64.14 分。这一结果和现阶段梁河县农民合作社的实际发展状况基本吻合。通过分析结果可以发现，小厂乡农民合作社的反贫困绩效综合得分为 58.72 分，绩效水平较差，低于全县平均情况；平山乡的综合得分为 62.28 分，曩宋阿昌族乡的综合得分为 63.79 分，在此次调查结果中处于较低水平；勐养镇、芒东镇及九保阿昌族乡的综合得分分别为 64.76 分、66.19 分和 68.61 分。这些结果与实际调研得到的结论基本一致。勐养镇、芒东镇及九保阿昌族乡的很多农民合作社比较关注品牌形象，各个合作社的规模较大，形成了良性发展态势，贫困农户的入社率较高。与之相对，其他三个乡镇的合作社大多规模不大、集中度低、经营水平不高，经常面临资金不足的情况。很多合作社位于产业链的最上游，对社员提供的帮助和支持局限在培训、信息共享等低级层面，而提供联合议价、营销等服务的合作社所占比例很低。农产品销售大多依靠外地客商到本地采购或者直接在本地市场消化，灵活性差。在这种情况下，农民合作社迟迟不能打开局面，社员所享受的支持和帮助有限，对合作社的满意程度不高，进而造成整体反贫困绩效较差。

其中勐养镇的芒岗农机专业合作社以及平山乡的生态茶畜示范专业合作社、三和茶叶种植合作社、小园子养鸡专业合作社分别为地市级、国家级、省级、地市级示范社。这 4 家示范社的反贫困绩效平均值为 64.43 分，略高于总体平均值 64.14 分。作为国家级示范社的平山生态茶畜示范专业合作社的绩效值为 67.04 分，在 27 家合作社中排名第 9，绩效水平为中。三和茶叶种植合作社和小园子养鸡专业合作社的绩效值分别为 68.06 分和 64.82 分，排名第 8 和第 13，绩效水平均为中。勐养镇的芒岗农机专业合作社的绩效值为 57.81 分，在 27 家合作社中排名第 24，绩效水平较差。芒岗农机专业合作社在 4 家示范社中排名最靠后，主要原因是该合作社的机器设备等固定资产占比较大，而且收入呈季节性波动。综上，示范级别合作社的反贫困绩效不是特别理想。

第4章

脱贫攻坚完成后原贫困社员继续
参加农民合作社的意愿

—— 以国定贫困县梁河县为例

4.1 引言

《农民专业合作社法》规定社员是指那些加入农民合作社并登记于册的公民、企业和事业单位或社会组织，贫困社员则是指参与农民合作社的贫困农户（王任等，2020）。依据国家综合扶贫标准可知，贫困农户是指未实现"两不愁、三保障"的人们，这种贫困不仅是收入上的贫困，更是能力和权利上的贫困。考虑到研究的可行性，本书仅从收入维度衡量贫困社员，根据2019年的国家标准，贫困社员是指人均可收入低于3747元的农户。未实现脱贫之前，贫困社员会产生加入合作社的强烈意愿（Rhodes，1983），这直接促进了农民合作社的发展和壮大。

打赢脱贫攻坚战之后，贫困社员在实现内生性脱贫的条件下是否会利用自由退出权退出合作社？由于贫困社员的退出意愿是制约合作社发展的重要因素，会对经济组织的稳定和绩效带来严重的负面影响（曹阳、姚仁伦，2008），所以，实证研究脱贫攻坚完成后贫困社员继续参与农民合作社的意愿变化及其影响因素值得思考，这对农民合作社的可持续健康发展、农业产业结构的合理化以及政府相关政策的制定和落实具有重要的理论意义与现实价值。

4.2 脱贫攻坚完成后原贫困社员继续参加农民合作社意愿的相关文献综述

4.2.1 贫困农户参加农民合作社意愿的研究

农民合作社是弱势群体联合成立的互助性经济组织，是市场经济条件下农村贫困人口脱贫的理想载体（吴彬、徐旭初，2009），更是脱贫攻坚战略实施中落实精准扶贫及产业扶贫政策的重要介质（苑鹏，2019）。其中，缺乏资金与市场竞争观念、知识水平不高的农户作为农民合作社发展的核心主体（郭红东、陈敏，2010；陈燕等，2019），参加合作社的意愿整体较为强烈。从全国来看，截至 2019 年 10 月底，依法登记的农民合作社达到 220.3 万家，普通农户占合作社成员总数的 80.7%；贫困地区培育发展农民合作社 68.2 万家，有 385.1 万个建档立卡贫困户加入农民合作社①。从局部地区来看，钟颖琦等（2016）对全国 10 个省、自治区的调查研究显示，愿意加入农民合作社的农户占总受访农户的 56.84%；徐建春等（2014）发现被调查的杭州农户中有 61.53% 愿意参加农民合作社；孙芳等（2013）调查了河北、河南等省农户加入农业微观组织的意愿，发现愿意加入农民合作社的农户占比最高，为 29.8%；郭红东、陈敏（2010）发现未参加农民合作社的被调查农户中，表示愿意参加的占 55.07%。不同区域农户参加合作社的意愿存在差异，主要受到农户个人特征（年龄、受教育程度、自身实力等）、合作社经营特征（经营规模、兼业化程度与商品化程度等）和合作社外部环境（农村贫富差距、市场发展程度、当地政府支持程度等）等因素的影响（郭红东、陈敏，2010；李敏等，2015；Jitmun et al.，2020）。

---

① 农业农村部农村合作经济指导司：《推进农民合作社高质量发展》，《农民日报》2019 年 12 月 30 日，第 5 版。

4.2.2　农民合作社对贫困社员影响的研究

2015 年《中共中央国务院关于打赢脱贫攻坚战的决定》明确表示农民合作社对贫困人口具有积极的组织和带动作用，具体可以产生以下几种影响。一是可以促进增收，缓解贫困社员的收入性贫困。贫困社员可以通过优先销售等产品参与方式增加经营性收入，通过雇工作业等劳动参与方式增加工资性收入，通过农地入股等资产参与方式增加财产性收入，通过项目入股等项目参与方式增加转移性收入（邵科、于占海，2017）。二是可以促进交流，缓解贫困社员的社会性贫困。加入农民合作社后，贫困社员可以通过参加合作社组织的技术培训、联采联销等各种活动，增加交往频次和社会联系，从而消减其遭受的社会排斥和社会性贫困（刘同山、苑鹏，2020）。三是通过参与农民合作社的发展，增强贫困农户的自主发展意识和自我发展能力。通过提升贫困农户在农民合作社中的参与和决策程度，可以加强贫困农户在关键事项上的话语权、对合作社资源和决策的控制权并增加公平受益机会；通过转变产业链中贫困农户的角色与分工，可以提高贫困农户的自我发展能力（李如春、陈绍军，2017）。

4.2.3　脱贫攻坚完成前贫困社员退出农民合作社的研究

社员参与农民合作社的行为是一个不断演化的过程，加入农民合作社之后，社员会依据实际收益调整参与程度，如果合作社不能带给社员预期收益或者社员介入合作社的程度较低，将导致社员退社现象（马超峰、张兆安，2018）。目前社员退社已不是个别现象，大部分合作社出现了社员退社的现象（王鹏、霍学喜，2012）。李敏等（2015）调查了杨凌示范区的 136 户农户，发现有 52 人不愿意继续参与合作社；高雅等（2014）通过对粤、皖两省 127 个农民合作社 440 个入社成员的实地调查发现，42.5% 的社员存在退出农民合作社的意愿。退社现象可分为主动退社、盲从退社、隐形退社及被迫退社，具体影响因素包括社员层面、合作社层面、外部环境层面的因素。社员层面的社员年龄、家庭经营规模、入社时间等，合作社层面的内部结构、人员素质、整体形象以及社员对合作社的评价、认知度和利益需求满意度等，外部环境层面的政策环境、外部市场经济发展水平等，对社员退出合作社的意愿均具有显著的影响（王鹏、霍学喜，2012；高雅等，2014）。

由上述文献回顾可知，国内外学者对农户参与合作社的意愿及影响因素、合作社对贫困社员的影响等相关研究成果丰富，但对脱贫攻坚完成后原贫困社员退出合作社的意愿及影响因素的研究较为缺乏，尤其是还未有学者探究打赢脱贫攻坚战后，原贫困社员继续留在合作社发展的意愿。鉴于此，本书以云南省梁河县为例，实证分析脱贫攻坚完成后原贫困社员继续参加农民合作社的意愿及影响因素，为遏制贫困社员返贫、持续发挥合作社的益贫性奠定基础。

4.3 脱贫攻坚完成后原贫困社员继续参加农民合作社意愿的影响因素及机制

4.3.1 原贫困社员继续参加农民合作社意愿的影响因素

农户参与合作社意愿的影响因素可划分为农户自身和外部环境两方面，具体可细化为贫困社员的个人特征、贫困社员的家庭特征和合作社特征三个方面。个人特征是影响贫困社员继续参与合作社意愿的首要因素，具体包含性别、年龄和受教育程度（徐建春等，2014）；家庭特征是影响贫困社员继续参与合作社意愿的潜在因素，具体包含家庭劳动力人数、家庭年纯收入、耕地面积及是不是纯农户（李敏等，2015；张晋华等，2012）；合作社特征是影响贫困社员继续参与合作社意愿的核心因素，具体包含合作社的宣传是否到位、培训次数、盈余分红、扶贫态度及扶贫工作透明度（陈杰，2017）。

4.3.2 原贫困社员继续参加农民合作社意愿的影响机制

4.3.2.1 个人特征影响原贫困社员继续参加农民合作社意愿的机制

首先，性别对原贫困社员继续参加合作社意愿的影响方向不明确。依据社会性别理论和人力资本理论，女性会更主动且理性地选择人力资本投资小同时能兼顾家庭的职业，将更多精力投入家庭事务，在工作方面做出的努力相应较少（Polachek，1981），所以整体上女性对参加合作社这一新型组织的意愿较弱，尤其是偏远贫困地区多遵循"女主内男主外"的传统家庭分工模式，这更加减少了女性参与合作社发展的机会。但在城镇化推进过程中，男性多选择外出务工，形成女性留守乡村的局面，为缓解经济压力，女性可能会寻求合作社的帮助。其次，年龄对原贫困社员继续参加合作社意愿的影响方向不明确。柳清瑞等（2019）提出年龄管理的生命周期倒 U 形曲线假说，认为个体的能力随年龄的增长而出现倒 U 形的变化轨迹，即年龄和个体的能力负相关，但人力资本的积累和工作经验的增加又能提升工作能力，因而年龄对贫困户继续参与合作社意愿的影响可能会呈现先上升后下降的态势。最后，受教育程度正向影响原贫困社员继续参加合作社的意愿。受教育程度越高，意味着贫困社员拥有越多的知识储备和阅历，开放性和适应性越强，接受新知识、新生活、新工作的能力越强，越有意愿继续参加合作社。

4.3.2.2　家庭特征影响原贫困社员继续参加农民合作社意愿的机制

依据贝克尔提出的家庭时间配置模型，个体劳动供给行为并不取决于个体效用的最大化，而是取决于家庭效用的最大化（丁守海、蒋家亮，2012），故家庭特征变量会对个体劳动供给决策造成影响。首先，家庭劳动力人数影响原贫困社员继续参加合作社的意愿，但影响方向不确定。一方面，家庭参加合作社可获得更多的入股资金及工资收入，实现家庭小生产与社会大市场的有效对接，故人力资本越多，社员参加合作社的意愿越强；另一方面，家庭劳动力的缺乏会导致贫困社员的生存能力较低，社员寻求合作社帮助的意愿也会较强。其次，家庭年纯收入影响原贫困社员继续参加合作社意愿的方向也不确定。一方面，家庭年纯收入越高的社员承担风险的能力越强，参与合作社的意愿越强；另一方面，其面临的预算约束条件较为宽松，劳动供给压力相对较小，会更多地享受闲暇时间，因此可能不会继续参加合作社。再次，耕地面积正向影响原贫困社员继续参加合作社的意愿。家庭农业生产规模与其承担的风险成正比，耕地面积越大的贫困社员，其承担的生产经营风险越大，提升农业生产效率的压力越大，继续参加合作社的愿望越强（李敏等，2015）。最后，是不是纯农户正向影响原贫困社员继续参加合作社的意愿。纯农户家庭的收入来源主要是农业收成，为规避农业风险、拓展收入来源，其偏向于参加合作社；非纯农户家庭的收入来源较为多元化，不太容易受到经济危机的威胁，因此继续参加合作社的意愿较弱。

4.3.2.3　合作社特征影响原贫困社员继续参加农民合作社意愿的机制

首先，合作社的宣传是否到位正向影响原贫困社员继续参与合作社的意愿。依据营销理论可知，合作社的宣传程度影响贫困社员对合作社运营情况的熟悉程度及贫困社员获取顾客、占领市场的能力，若合作社的宣传能力强，则贫困社员的获利空间大，继续参与合作社的意愿就强，反之亦然。其次，培训次数对原贫困社员继续参加合作社意愿的影响为正。社员能力不足是导致其贫困的根本原因，而合作社作为可以提供专业化教育和培训服务的重要载体，可以使贫困社员获得新产品、新方法、新技术，提升其文化素质、劳动技能、管理才能，因此其继续参加合作社的意愿较强。再次，盈余分红正向影响原贫困社员继续参加合作社的意愿。盈余分红是合作社的一项制度规定，这种制度能够保障贫困社员获得经济权益，有利于激发其参加意愿。最后，农民合作社的扶贫态度及扶贫工作透明度是合作社民主管理程度的体现，直接影响了贫困社员的主动参与性和主人翁地位，也影响了其继续参与的意愿。

4.4　脱贫攻坚完成后原贫困社员继续参加农民合作社意愿的 Logistic 回归模型分析

脱贫攻坚完成后原贫困社员继续参加农民合作社的意愿是一个二元选择问题，表明其为离散型数据，因此本书需要建立离散型因变量数据计量经济模型。其中，有关贫困社员参加农民合作社意愿研究中最为常用的是 Logistic 回归模型，该模型是一种概率模型，是研究观察结果与多个影响因素之间回归关系的多变量统计方法（方玲玲、张云霞，2020），可以求出自变量对因变量发生概率的影响程度。因此，为检验脱贫攻坚完成后原贫困社员继续参加农民合作社意愿的影响因素和机制，本研究需要构建 Logistic 回归模型。

4.4.1 原贫困社员继续参加农民合作社意愿的 Logistic 回归模型构建

本研究将原贫困社员是否愿意继续参加合作社作为因变量，用"是 = 1，否 = 0"来表示，将个人、家庭、合作社层面的多项细分变量作为自变量，具体如表 4 - 1 所示。因为自变量中既有定量数据又有定性数据，最终选择二元 Logistic 回归模型，其服从二项分布，以如下函数表达式来估算事件的发生概率 P。

$$p = \frac{\exp(\beta_0 + \beta_1 x_1 + \beta_2 x_2 + \cdots + \beta_k x_k)}{1 + \exp(\beta_0 + \beta_1 x_1 + \beta_2 x_2 + \cdots + \beta_k x_k)}$$

某一事件发生与不发生的比，两边同时取对数为：

$$\ln\left(\frac{p}{1-p}\right) = \beta_0 + \beta_1 x_1 + \beta_2 x_2 + \cdots + \beta_k x_k$$

人们通常把 p 的函数形式 $f(p)$ 假设为变量的函数形式：

$$f(p) = \ln\frac{\pi(x)}{1 - \pi(x)} = \ln\frac{p}{1-p}$$

由于本研究中因变量 y 是各自变量 $x_1, x_2, \cdots, x_k$ 的函数形式，因此：

$$y = \ln\left(\frac{p}{1-p}\right) = \beta_0 + \beta_1 x_1 + \beta_2 x_2 + \cdots + \beta_k x_k$$

其中，y 为原贫困社员是否愿意继续参加合作社，β_1，β_2，$\cdots$，β_k 为待估参数，x_1，x_2，$\cdots$，x_k 是自变量。

表 4 - 1　变量定义及说明

	变量名称	变量代码	变量说明	预计方向
因变量	原贫困社员继续参加合作社的意愿	y	是 = 1；否 = 0	/

续表

变量名称		变量代码	变量说明	预计方向
自变量	个体特征变量	x_1	性别（男 = 1；女 = 0）	+ / -
		x_2	年龄	+ / -
		x_3	受教育程度	-
	家庭特征变量	x_4	劳动力人数	+ / -
		x_5	家庭年纯收入	+ / -
		x_6	耕地面积	+
		x_7	是不是纯农户（是 = 1；否 = 0）	+
	合作社特征变量	x_8	合作社的宣传是否到位 （是 = 1；否 = 0）	+
		x_9	培训次数	+
		x_{10}	盈余分红 （是 = 1；否 = 0）	+
		x_{11}	扶贫态度	+
		x_{12}	扶贫工作透明度	+

注："+"表示预期变量与贫困社员继续参加合作社意愿呈现正向关系，"-"表示预期变量与贫困社员继续参加合作社意愿呈现负向关系，"+/-"表示预期变量与贫困社员继续参加合作社意愿关系不明确。

4.4.2　原贫困社员继续参加农民合作社意愿的 Logistic 回归模型分析

本书采用 SPSS 21.0 对样本数据进行实证分析，采用向后步进法检验，系统进行了 11 次计算，回归结果如表 4 - 2 所示。

一方面，对 Logistic 回归模型结果进行检验。首先，模型整体水平检验。通过逐步向后似然比 11 次的运算，发现模型对原贫困社员继续参加合作社的预测正确率是 100%，对不参加合作社的预测正确率是 0，模型的整体预测正确率是 84.2%，说明模型的预测效果良好。其次，模型拟合优度检验。它可以评价模型与数据的整体拟合效果，Hosmer 和 Lemeshow 检验是一个方程拟合度检验，假设拟合无偏差，则 Sig. 值应大于 0.05，说明应该接受结果，即认同拟合方程与真实的方程基本没有偏差。本模型 Sig. 值是 0.592，大于 0.05，表明拟合方程与真实方程的偏差较小，拟合效果良好。

另一方面，对 Logistic 回归模型结果进行分析。由表 4 - 2 可知，脱贫攻坚完成后原贫困社员继续参加农民合作社的显著影响因素的表达式为 $\ln(p/1-p) = 1.229 + 0.774x_2 - 0.496x_9$，具体表明以下三点。

第一，年龄通过了 5% 的显著性水平检验，对原贫困社员继续参加合作社有显著正向影响。这表明年龄越大，原贫困社员继续参加合作社的意愿越强，反之亦然。一方面，年龄越大的贫困社员，受教育程度、技术水平、学习能力、精力状况等方面的限制越多，在农业种植、新技术应用、产品生产和销售等过程中面临的困难越多，越有意愿继续得到农民合作社的专业化帮助；另一方面，年龄较大的贫困社员所能获得的其他就业机会相应较少，继续参加合作社经营更能得到实质性的发展机会。因此，在合作社为贫困社员无偿提供农业生产技术、市场信息、交通运输服务等的条件下，其会选择继续留在合作社以享受组织发展红利。

第二，培训次数通过了 10% 的显著性水平检验，对原贫困社员继续参加合作社有显著负向影响。所得结论与最初预设不同，一般而言，合作社的培训次数越多，表明其传授新技术、新知识越及时、越全面，越能增强社员对合作社的信任及继续参加意愿。但目前回归系数为负，表明培训次数越多，原贫困社员继续参加合作社的意愿越低。原因可能在于合作社现有培训的时间、方式或质量等未能有效满足贫困社员的实际需求，导致原贫困社员对培训消极抵制。

第三，其他 10 个变量未通过显著性水平检验。性别对原贫困社员继续参加合作社意愿的影响不大，原因在于梁河县男性外出打工者较少，女性承担工作责任较小，且近年来在"巾帼脱贫行动"背景下女性获得政府扶持力度加大，发展阿昌族民族特色产业、乡村旅游新业态等，逐渐实现就业增收，对合作社的实际需求变小。受教育程度未通过显著性检验的原因在于受教育程度高的原贫困社员在经济收入提升之后，更倾向于迁移到经济发达地区，寻找新的发展机会。家庭劳动力人数、家庭年纯收入未通过显著性检验的原因是，在新时代下个体的独立性逐渐增强，对家庭的依赖性降低，所以其变化不能影响原贫困社员的选择。耕地面积和是不是纯农户未通过显著性检验，主要是由于网络经济稳步发展，个体经营风险大大降低，其不用依赖合作社也能实现正常经营。合作社的宣传是否到位、盈余分红、扶贫态度、扶贫工作透明度对原贫困社员继续参加合作社意愿的影响不明显，原因主要是脱贫攻坚完成后，原贫困社员对合作社运作方式的熟悉度较高，对这方面的关注度降低，且其收入得到提升，对合作社基本利益分配机制的关注度也在降低，而更加注重个人的能力和权利绩效。

表 4-2　原贫困社员继续参加农民合作社意愿的二元 Logistic 回归模型分析结果

变量	B	S. E.	Wals	df	Sig.	Exp（B）
年龄	0. 774 **	0. 348	4. 938	1	0. 026	2. 168
培训次数	- 0. 496 *	0. 280	3. 125	1	0. 077	0. 609
常量	1. 229	0. 908	1. 830	1	0. 176	3. 417
97. 920	Cox&Snell R^2	0. 056	Nagelkerke R^2	0. 096	预测正确率	84. 2%

注：*** 、** 和 * 分别表示 1% 、5% 和 10% 的显著性水平。

4.5　提升原贫困社员继续参加农民合作社意愿的途径

本书以云南省梁河县下辖 6 个乡镇实现脱贫的 122 名入社贫困户的调研数据为基础，构建二元 Logistic 回归模型，探讨了影响原贫困社员继续参加合作社的因素，实证结果如下。第一，在个人特征变量因素中，年龄对完成脱贫攻坚后梁河县原贫困社员继续参加农民合作社意愿的影响显著。贫困社员年龄越大，继续参加合作社的意愿就越强。第二，在合作社特征变量因素中，培训次数对完成脱贫攻坚后梁河县原贫困社员继续参加农民合作社意愿的影响较为显著。贫困社员参加合作社培训次数越多，继续参加合作社的意愿越弱。第三，性别、受教育程度、家庭特征等其他 10 个变量的影响都不显著。基于此，本书提出以下三条提升原贫困社员继续参加农民合作社意愿的途径。

第一，政府及农民合作社要完善服务，提升原贫困社员的反贫困绩效。政府及农民合作社要注意提升农资供应水平、技术培训和教育培训质量，实现社员与现代农业社会化服务体系的良好衔接，并达到提高生产效率、促进节本增效的目标。尤其是要注意结合"巾帼脱贫行动"等战略，为女性制定专门的发展方式及路径，充分发挥女性的独特优势，在整体上提升贫困女性社员的反收入贫困、反能力贫困和反权利贫困绩效。

第二，政府及农民合作社要主动赋权，维护原贫困社员的切身利益。政府要更新管理理念和工作方式，加大扶持力度，加强示范引导，为农民合作社创造良好的政策环境，使合作社充分发挥带动作用，提高社员抵御风险的能力，实现内生式发展。合作社要发挥农民在发展中的主体作用，建立健全民主决策、民主监督机制，使社员参与合作社民主选举、盈余分配、营销活动等重大事务，逐渐增强其合作意识与合作能力。

第三，政府及农民合作社要留住人才，强化乡村振兴的持续动力。当地政府及农民合作社要依据乡村振兴战略，将人才资本开发放在首要位置，注重对社员的挖掘与培育，激发合作社及乡村发展的内生动力。总之，合作社要以规范发展的形象逐步扩大服务范围、提升服务质量，从而提升社员对合作社的满意度。

| 第 5 章 |

成员异质性对农民合作社收益分配
控制权归属的影响

——基于云南省 124 家农民合作社的调查

5.1 引言

　　截至 2019 年 10 月，全国依法登记的农民合作社数量达到 220.3 万家。农民合作社正逐步成为引领农民参与国内外市场竞争的现代农业经营组织，并在构建新型农业经营体系中发挥着重要作用。然而，在农民合作社迅速发展的同时，合作社的成员异质性问题突出，由此带来的收益分配问题也逐步显现。大农和小农在合作社收益分配中的不平等现象开始引起学界的关注：是应该着重保护小农收益（苑鹏，2020），还是应该注重激励大农（徐旭初、金建东，2021），抑或是需要构建一个兼顾大农与小农利益的合作收益分配机制（秦德智等，2016）？各领域专家正在努力探索，成果颇丰。

　　但是，现有研究大多是规范研究与案例分析，基于一定样本量的实证分析较少，特别是关于成员异质性对合作社收益分配控制权归属的影响研究还比较薄弱，而合作社收益分配控制权归属会直接影响到合作社的收益分配是否能兼顾大农和小农的利益。如果合作社收益分配控制权归属倾向于理事会或理事长一人，则合作收益分配往往只倾向于激励大农，只有合作社收益分配控制权归属倾向于社员代表大会，才有可能形成兼顾大农小农利益、较为公开规范的合作社收益分配决策机制。合作社的成员异质性有哪些具体表现，具备何种特征，不同类型的成员异质性是否会对合作社收益分配控制权归属产生不同的影响，以及在成员异质性背景下，应该如何指导合作社形成较为合理的收益分配决策机制，让合作社的收益分配更为公开透明，这些是本书重点关注的问题。

5.2 成员异质性对农民合作社收益分配控制权归属影响的相关文献综述与理论假设

5.2.1 文献综述

国内外关于农民合作社成员异质性的研究主要从以下几个角度展开。第一，农民合作社成员异质性的内涵。徐旭初、吴彬（2010）认为合作社的成员异质性可以理解为成员特征的差异性，包含资源禀赋、入社动机与参与行为3个维度。林坚、王宁（2002）认为农民合作社成员异质性主要是成员的资源禀赋异质性，具体体现在资本资源、自然资源、人力资源和社会资源4个方面。邵科等（2013）从参与主体的资源禀赋、参与合作社的动机和目的、参与主体在合作社创建和发展过程中的角色差异几个角度论述了成员异质性问题。郭春丽、赵国杰（2010）认为合作社成员异质性体现在成员的资源禀赋差异上，以及在合作社内的要素投入、合作贡献、利益诉求、风险承担以及参与水平等方面，据此可以将社员分为能人、核心成员、正式成员、外围成员、交易性的参与者、访问者6类，并进一步指出异质性本质上指的是成员参与合作社活动的水平不同。邵科等（2013）具体分析了合作社的社员参与水平，认为中国农民合作社的成员在参与角色上存在显著差异。第二，合作社成员异质性的形成原因。Iliopoulos 等（1999）把导致合作社成员异质性的原因归结为5个方面，即成员特征及其资源禀赋、成员的生产策略、成员所处产业链的位置、多元化经营和联合的方式以及合作社进行产品创新所采取的市场策略。他们认为合作社的成员异质性可以通过以下7个变量进行衡量：合作社成员的区域分布情况；

成员产品、投入品的差异；成员年龄；成员的受教育程度；土地规模；成员非农收入占比；成员经营目标的差异。Karantininis 等（2001）建立了一个研究内生性成员异质性的博弈理论模型，并认为成员异质性主要源自农户在加入合作社前的自身资源禀赋差异。赵凯（2012）认为，造成农民合作社成员异质性的主要原因在于农户家庭的资源禀赋不同，主要包括家庭收入、储蓄额度、固定资产、土地数量与质量、家庭成员人数与结构，以及户主的受教育程度、决策能力、技术水平、生产偏好、社会声誉、社交能力等方面的差异。韩喜平、李恩（2012）在异质性视角下分析了内生和外生两种类型合作社的动力系统构造，前者大多分布在农村欠发达地区，成员同质化程度高，具有较强的益贫功能；后者大多分布在经济发达地区，技术、资本等要素的作用显著，呈现多目标和多主体的特性，成员间的异质性特征比较明显。第三，成员异质性对合作社发展的影响。崔宝玉、李晓明（2008）研究发现，不同类型成员之间的资源互补性对合作关系的达成和合作社的建设意义重大，核心成员的企业家才能和大额资本等资源禀赋同普通成员的土地、劳动力和小额资本等可以进行很好的匹配；同时，在合作初期，核心成员和普通成员都有较大的技术、资本等方面的合作需求，这可以克服合作面临的壁垒，改变单类成员的市场弱势地位。黄珺、朱国玮（2007）认为，从同质性成员合作的囚徒困境到异质性成员的合作均衡，收益大的成员将成为合作的发起人。领办主体对合作社发展的影响巨大，成立农民合作社的可能性不会自发形成，没有领办主体就不可能有合作社。核心成员无论在最初的制度订立上还是在日常管理决策中，都拥有较大的影响力；也就是说，核心成员的水平、素质与个性会直接影响到农民合作社是否能顺利创建和健康发展。黄季焜等（2010）、黄祖辉和高钰玲（2012）的研究也证实合作社社长的人力资本条件对合作社服务功能的提供、合作社绩效以及合作社效率有重要影响。伊藤顺一等（2011）基于南京市西瓜合作社的调查表明，合作社对小规模农户的增收效果比较明显，而对大规模农户的增收效果不显著。

上述关于合作社成员异质性的研究为指导合作社发展提供了重要的理论依据，然而，这些研究对成员异质性背景下合作社收益分配控制权归属问题的关注不够，没有回答成员异质性对合作社收益分配控制权归属的具体影响。构建一个兼顾合作社内大农和小农利益的规范的合作收益分配机制是成员异质性背景下合作社发展的一大难题，也是解决合作社治理问题的关键所在，本书将在这方面做出尝试。

5.2.2 理论假设

基于相关文献综述，本书提出初步理论框架（见图 5 - 1）。该框架将农民合作社成员异质性产生的理论来源区分为资源依赖理论、社会资本理论和委托—代理理论。由于成员异质性与合作社收益分配控制权归属之间的关系会受到农民合作社注册时间、注册资本及成员数量的影响，因此，本书将试图探讨这 3 个变量对成员异质性与合作社收益分配决策关系的调节效果。

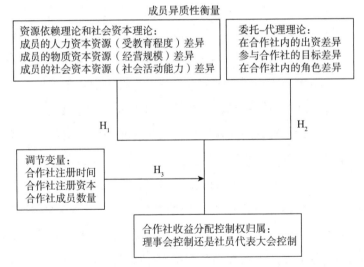

图 5 - 1　成员异质性对农民合作社收益分配控制权归属影响的模型分析框架

传统合作社理论以成员同质性为基础，认为合作社应该进行民主管理、成员控制。在当前我国农民合作社实践中，成员异质性现象普遍，合作社的收益分配控制权归属往往偏向于理事会甚至理事长一人。基于前人研究基础和本研究实际，本书将合作社的收益分配控制权归属分为理事会控制和社员代表大会控制两类，在此基础上探索成员异质性对合作社收益分配控制权归属的影响。

5.2.2.1 资源依赖理论、社会资本理论与合作社的收益分配控制权归属

在应用资源依赖理论时，Barney（1991）将企业资源分为物质资本资源、组织资本资源和人力资本资源，该资源分类标准已被应用于合作社成长问题研究。合作社内部资源基本来自成员投入，其中物质资本资源和人力资本资源基本是成员物质资本和人力资本的加总，而合作社的组织资本资源则在一定程度上来自合作社成员的社会资本资源。基于资源依赖理论、社会资本理论和已有研究，结合本研究实际，我们从成员的人力资本资源、物质资本资源和社会资本资源 3 个角度来考察合作社成员的异质性，并尝试通过成员的受教育程度、经营规模和社会活动能力来进行衡量。资源依赖理论强调，权力与依赖是一体两面的，组织内关键资源拥有者容易被其他成员依赖，从而成为组织的实际控制者，这也是控制机制的重要议题。从实际调查中我们发现，合作社成员在资源上的异质性突出表现为理事会成员拥有大量资源（如合作社的办公场所是理事长的，理事会成员的经营规模往往很大，合作社与外界的关系基本上是理事会成员与外部的关系）。结合之前的因子分析结果，我们将理事会成员和普通成员在受教育程度、经营规模和社会活动能力方面的差异归纳为成员资源异质性，并得出假说 H_1：合作社成员的资源异质性越大，合作社的收益分配控制权归属越偏向于理事会。

5.2.2.2 委托—代理理论与合作社的收益分配控制权归属

合作社内部普通成员（委托人）和合作社理事会成员（代理人）通过正式或非正式契约、选举的方式形成委托—代理关系，这种委托—代理关系在我国合作社中普遍存在，并深刻地影响到了合作社的治理结构。由于理事会成员和普通成员在合作社内的出资、参与合作社的目标与在合作社中的角色存在差异，他们在合作社的经营上也一定会存在利益冲突，从而引发委托—代理问题。通常来说，合作社普通成员对合作社的管理参与度较低，即较少扮演经营者角色，而交由理事会雇用、激励、监督经理人实施合作社管理或由理事会直接管理。此时，如果合作社成员是同质的，理事会成员与普通成员的利益诉求相同，则合作社收益分配控制权归属对利

益分配公平性的影响可以忽略。但是，在存在成员异质性的情况下，理事会成员与普通成员的利益诉求不同，很可能导致理事会不按组织和大部分成员的利益行事。结合之前的因子分析结果，我们将理事会成员和普通成员在合作社内的出资差异、参加合作社的目标差异与在合作社内的角色差异归纳为成员参与异质性，并得出假说 H_2：合作社成员的参与异质性越大，合作社的收益分配控制权归属越偏向于理事会。

5.2.2.3　调节变量

根据组织理论，成长阶段、资本规模、成员数量是影响组织控制结构的关键因素。因此，本书将探讨合作社注册时间、合作社注册资本和合作社成员数量对成员异质性与合作社收益分配控制权归属间关系的调节效果。

一般来说，合作社注册时间越长，合作社理事会处理合作社经营管理事务的经验越丰富，对相关法律政策、产品销售渠道等越熟悉，越能在合作社内建立威信。同时，随着合作社的发展，成员异质性会加大，这也会巩固理事会对合作社收益分配的控制权。

一方面，合作社注册资本越大，越容易在合作社内形成资本控制，合作社的收益分配控制权归属越容易偏向于合作社的主要出资方——理事会；另一方面，如果合作社的注册资本大是因为成员或多或少都入了股，从而要求参与合作社收益分配机制的制定，那么也会出现合作社收益分配控制权归属偏向于社员代表大会的情况。

在合作社成员方面，Olsen（1971）研究指出，小集团有很大机会通过自发行动来解决集体问题，但在大集团中，只要集团成员可以自由地争取其个人利益，就存在不采取符合共同利益的行动的倾向。我们从经验上可以判断，合作社成员越多，内部协调与监督的成本越高，越需要有能力的管理者（通常为理事会成员）通过个人的影响力来实现成员目标的协调和行动的一致，因此合作社的收益分配控制权归属越容易偏向于理事会。

5.3　样本基本情况及描述性分析

为了全面了解农民合作社的成员异质性及其对合作社收益分配控制权

归属的影响，2020 年 3 ~ 9 月，笔者在云南省农业农村厅的协助下对 128 家拟申报省级示范社的农民合作社进行了入社调查，调查内容涉及合作社基本情况、成员异质性情况、服务功能、内部治理、外部环境与组织绩效等多个方面。由于进行的是入社一对一访谈调查，直接面对合作社理事长，所以调查效果较好，获得有效问卷 124 份，问卷有效率达 96.88%。在被调查合作社中，国家级或省级示范社有 6 家，市级示范社有 61 家，县级及以下示范社有 3 家，分别占样本总数的 4.84%、49.19% 和 2.42%。调节变量情况见表 5 - 1。

表 5 - 1　调节变量定义、均值和标准差

变量名称	变量定义	均值	标准差
注册时间	5 年及以上 = 1；5 年以下 = 0	0.71	0.45
注册资本	200 万元及以上 = 1；200 万元以下 = 0	0.50	0.50
成员数量	150 人及以上 = 1；150 人以下 = 0	0.41	0.49

5.3.1　被调查合作社及其理事长的基本情况

在合作社的产业分布上，95.97% 以上的是种养类，以茶叶、花卉、水果为主；其他类（包括农机服务、生物资源开发、绿色农副产品营销等）有 5 家，占总数的 4.03%。在合作社注册时间上，最早的为 2008 年，最晚的为 2019 年。其中，注册满 5 年的 88 家，占总数的 70.97%。在合作社注册资本上，最多的为 8000 万元，最少的为 19.14 万元，平均为 497.50 万元。其中，注册资本在 200 万元及以上的有 62 家，200 万以下的有 62 家，各占总数的 50%。在合作社成员数量方面，最多的有 3131 人，最少的有 5 人，平均为 240.88 人。其中 150 人及以上的有 50 家，占总数的 40.32%；不足 150 人的有 74 家，占总数的 59.68%。

值得一提的是，合作社带动建档立卡贫困户成员率平均为 35.69%，其中最多的为 1331 人，最少为 0 人，平均 106.96 人；合作社带动非成员农户率 1055.10%，其中最多的为 89250 人，最少为 5 人，平均 1202 人；合作社带动非成员农户中建档立卡贫困农户率 352.83%，其中最多的为

35700 人，最少为 0 人，平均 434.91 人。可见，单单从成员身份上来看，我国现阶段农民合作社的成员异质性并不明显，因为大部分合作社成员都是农民身份。被调查合作社理事长年龄最大的 71 岁，最小的 22 岁，平均 45.05 岁。其中：50 岁以上的 29 人，占总数的 23.39%；40 ~ 50 岁的有 64 人，占总数的 51.61%；40 岁以下的有 31 人，占总数的 25%。可见，合作社理事长以中青年人才为主。被调查的这些理事长中，女性 22 人，占总数的 17.74%；男性 102 人，占总数 82.26%。可见，现阶段我国农民合作社理事长以男性为主。

5.3.2　被调查合作社的成员异质性情况

基于 Iliopoulos 和 Cook（1999）、林坚和黄胜忠（2007）、黄胜忠等（2008）的研究成果，结合我国农民合作社的发展实践，本书主要通过理事会成员与一般成员之间的受教育程度差异、经营规模差异、社会活动能力差异、在合作社内的出资差异、参与合作社的目标差异、在合作社内的角色差异 6 个方面来测度农民合作社的成员异质性程度（见表 5 - 2）。在前人研究中还发现，上述合作社成员异质性的指标很难进行量化，所以均由合作社理事长估计得出。

表 5 - 2　合作社成员异质性情况

变量名称	变量定义	均值	标准差
受教育程度差异	很小 =1；小 =2；一般 =3；大 =4；很大 =5	2.1	1.2
经营规模差异	很小 =1；小 =2；一般 =3；大 =4；很大 =5	3.5	1.2
社会活动能力差异	很小 =1；小 =2；一般 =3；大 =4；很大 =5	3.1	1.4
在合作社内的出资差异	很小 =1；小 =2；一般 =3；大 =4；很大 =5	4.3	1.3
参与合作社的目标差异	很小 =1；小 =2；一般 =3；大 =4；很大 =5	2.6	1.7
在合作社内的角色差异	很小 =1；小 =2；一般 =3；大 =4；很大 =5	3.8	1.5

从调查结果中可以看出，合作社理事会成员与一般成员之间在经营规模、社会活动能力、在合作社内的出资、在合作社内的角色等方面存在比较明显的异质性，均值在 3 以上；而受教育程度差异、参与合作社的目标差异的均值在 3 以下，分别只有 2.1 和 2.6，相对较小。

成员参加合作社的目标差异较小与我国农民合作社的形成实践有关，大部分合作社是农民为了"抱团闯市场"而成立的，因此成员参加合作社的目标差异较小。

异质性较为明显的 4 个方面中，在合作社内的出资差异最为明显，均值达到 4.3。究其原因，很大程度上是因为在一些合作社中，只有理事会成员出资，普通成员不需要出资。需要特别指出的是，调查发现，理事会中的理事长往往是合作社的主要出资方，在被调查的 124 家合作社中，有 69 家合作社理事长的出资占到合作社成员总出资的 50% 以上，有 105 家合作社理事长的出资是合作社成员中最多的，可见合作社内"一股独大"的现象还是比较普遍。然而，相对于出资而言，在交易量占比方面，合作社理事长的交易量占合作社总交易量的比重并不是很大，只有 51 家合作社理事长的交易量占合作社总交易量的比重超过 50%，更有 17 家合作社理事长与合作社没有交易量。

除了在合作社内的出资差异比较明显外，经营规模差异、社会活动能力差异以及在合作社内的角色差异这三方面也比较明显，均值都超过了 3。经营规模差异主要体现在成员耕地面积或者种养的数量上，一般来说，理事会成员的经营规模普遍较大，他们自身就是专业大户，而普通成员的规模普遍较小，有一部分还是兼业小农，家庭主要收入来自外出打工的工资性收入。在农民合作社实践中，理事会成员与一般成员在社会活动能力方面的差异主要表现为合作社与产前农资、产中农技、产后销售的关系基本上来自理事会成员；同时，理事会成员还要处理合作社与当地政府的关系、与当地村委会的关系等，普通成员在社会活动能力方面比较薄弱。至于在合作社内的角色差异，被访谈的一位合作社普通成员进行了很形象的描述："合作社的日常事务都是理事会成员在做，我们一般成员没有机会参与，也不想参与，理事会有点像合作社里的合作社，而我们只是合作社的外围成员，是被理事会带动的；此外，合作社成员还分为一般农户、生产大户、营销大户、外部出资股东、内部出资股东、管理层等，成员角色差异很大。"

5.3.3　被调查合作社的收益分配控制权归属情况

农民合作社的收益分配控制权归属主要指的是合作社的收益分配制度由谁制定，是理事长、理事会还是社员代表大会。《农民专业合作社法》规定，合作社的盈余分配方案应由社员代表大会来制定审批。但在被调查的合作社中，只有26家合作社的收益分配制度是由社员代表大会来制定的，占样本量的20.97%，而由理事会制定的合作社高达98家，占79.03%。可见，当前大多数农民合作社的收益分配控制权掌握在理事会手上，许多普通成员在收益分配上没有发言权，甚至没有知情权，这也是合作社收益分配机制被许多学者批判的原因。调查中笔者还发现，在98家由理事会控制收益分配决策权的合作社中，有19家是由理事长一人控制，甚至有6家合作社没有进行盈余返还，这与《农民专业合作社法》的规定相去甚远。

5.3.4　农民合作社成员异质性因子分析

为了确保原始数据具备进行因子分析的可行性，采用KMO检验、Bartlett球形检验对所有的原始因子进行检验。SPSS 23.0运行结果显示，KMO统计量等于0.698，大于0.5，而Bartlett球形检验的P值为0.000，小于0.05，说明数据适合进行因子分析。利用SPSS 23.0软件计算每个变量的初始共同度，得知所有变量所提取的共同度都大于0.5，说明指标变量与因子之间具有较强的相关关系，因子能够充分反映样本指标的信息量，进行因子分析的效果显著。确定公共因子个数时，选取主成分的特征值大于1的那些因子，这也是因子分析时所提取公共因子的个数。通过表5-3可以看到4个公共因子可解释68.041%的变异量，从总体上看因子分析反映了原有变量的大部分信息，因子分析的效果较为理想。

表5-3　经方差最大正交旋转后的因子载荷系数

影响因素	公共因子1	公共因子2
受教育程度差异	0.602	0.294
经营规模差异	0.859	0.408

续表

影响因素	公共因子 1	公共因子 2
社会活动能力差异	0.800	0.637
在合作社内的出资差异	0.324	0.808
参与合作社的目标差异	0.183	0.217
在合作社内的角色差异	0.621	0.752
新公共因子命名	成员资源异质性（F_1）	成员参与异质性（F_2）
方差贡献率（%）	37.716	30.325
累计方差贡献率（%）	37.716	68.041

表 5-3 表明，成员受教育程度差异、经营规模差异和社会活动能力差异可以形成一个新因子，这 3 个变量在一定程度上分别衡量了成员在人力资本资源、物质资本资源和社会资本资源方面的差异，借鉴孔祥智（2016）的研究结果，将该公共因子命名为成员资源异质性因子。也就是说，合作社成员资源异质性主要由上述 3 个变量决定。同时，在合作社内的出资差异、参与合作社的目标差异和在合作社内的角色差异也可以形成另一个新因子，这 3 个变量在一定程度上衡量了成员参与合作社的程度，所以本研究将该新因子命名为成员参与异质性因子，即合作社成员参与异质性主要由这 3 个变量决定。这些变量的系数符号都为正，说明这些因素对成员资源异质性和成员参与异质性具有正向作用。理事会成员与普通成员间的受教育程度差异、经营规模差异和社会活动能力差异越大，则成员资源异质性越大；理事会成员与普通成员在合作社内的出资差异、参与合作社的目标差异和在合作社内的角色差异越大，则成员参与异质性越大。从累计方差贡献率来看，新生成的成员资源异质性因子与成员参与异质性因子的累计方差贡献率达到 68.041%，基本能代表原来 6 个衡量成员异质性的变量。

5.3.5　成员异质性对合作社收益分配控制权归属影响的回归分析

基于前面的描述与分析，本研究将成员异质性对合作社收益分配控制权归属的影响设定为以下函数形式：收益分配控制权归属＝F（成员资源

异质性，成员参与异质性，调节变量）＋随机扰动项。本研究采用二元
Logistic 回归分析模型，并通过最大似然估计法对其回归参数进行估计。本
研究所考察的是农民合作社收益分配控制权的归属，根据上文分析，结果
只有两种，即理事会控制和成员（代表）大会控制。因此，本研究将农民
合作社收益分配控制权归属设为因变量 Y，即 "0 - 1" 型变量，将 "理事
会控制" 定义为 $Y = 1$，将 "成员（代表）大会控制" 定义为 $Y = 0$。本研
究运用 SPSS23.0 统计软件对数据进行 Logistic 回归处理。在处理过程中，
采用全部纳入法，将 2 个公共因子变量和 3 个调节变量一次性全部纳入回
归（见表 5 - 4）。

表 5 - 4　成员异质性对合作社收益分配控制权归属影响的回归分析结果

解释变量	B	S. E.	Wals	Sig.	Exp（B）
成员资源异质性	0.182	0.639 *	0.081	0.775	1.200
成员参与异质性	1.253 *	0.587 **	0.034	0.854	0.897
注册时间	0.182 **	0.639	0.081	0.775	1.200
注册资本	- 0.742 **	0.789 **	0.884	0.347	0.476
成员数量	0.823 **	0.714	1.327	0.249	2.278
常量	1.253	0.401 ***	9.765	0.002	3.500
预测正确率（%）	79.0	Nagelkerke R^2	0.017	卡方检验值	1.344
- 2 对数似然值	126.011				

根据表 5 - 4 中的回归分析结果，可以得出如下结论。

第一，成员资源异质性对农民合作社收益分配控制权归属的影响显
著。从模型结果来看，成员资源异质性在 10% 的水平下显著，即合作社的
收益分配控制权归属与成员资源异质性呈很强的正相关性。说明成员资源
异质性越大，合作社的收益分配控制权越倾向于理事会，假设 H_1 成立。

第二，成员参与异质性显著影响农民合作社的收益分配控制权归属。
统计结果表明，成员参与异质性在 5% 的水平下显著，即合作社的收益分
配控制权归属与成员参与异质性呈很强的正相关性。说明成员参与异质性
越大，合作社的收益分配控制权越倾向于理事会，假设 H_2 成立。

第三，合作社注册资本显著影响农民合作社的收益分配控制权归属，

注册时间和成员数量的影响不显著。从统计结果来看，注册资本越大，合作社的收益分配控制权越倾向于社员代表大会，这印证了关于注册资本的第二种假设，即如果合作社的注册资本大是因为成员或多或少都入了股，从而要求参与合作社收益分配机制的制定，那么通常会发生合作社的收益分配控制权归属偏向于社员代表大会的情况。

5.3.6　结论与启示

基于对云南省 124 家农民合作社的调查，本书考察了农民合作社的成员异质性对合作社收益分配控制权归属的影响。通过样本数据描述、因子分析和 Logistic 回归分析，结果表明：农民合作社的成员异质性并不是体现在成员农民身份的异质性上，而是体现在理事会成员与普通成员之间的受教育程度差异、经营规模差异、社会活动能力差异、在合作社内的出资差异、参与合作社的目标差异、在合作社内的角色差异。理事会成员与普通成员之间的异质性可以归纳为成员资源异质性和成员参与异质性两大类，它们显著影响农民合作社的收益分配控制权归属。在调节变量方面，合作社注册资本显著影响农民合作社的收益分配控制权归属，注册时间、成员数量的影响则不显著。

由此，我们可以得到如下两点启示。首先，通过提高普通成员的参与程度，弱化成员的参与异质性，可以在一定程度上达到规范合作社收益分配决策机制的效果。各级政府与相关部门在指导合作社进行规范化建设时，可以有意识地指导合作社提高普通成员参与合作社的程度，如鼓励成员在合作社出资入股、鼓励成员参与合作社事务，并通过培训提高普通成员的农业生产经营能力，把他们培育成新型职业农民。其次，随着合作社的发展，成员异质性会不断加强，合作社的收益分配控制权归属会越来越倾向于理事会甚至理事长一人，所以合作社发展的实践者、指导者和理论研究者都需要对合作社的成员异质性问题高度重视。

| 第6章 |

社员合作、信任与农民合作社绩效的关系

——基于云南省农民合作社的调查数据

6.1 引言

获取利益与提高收益是农民加入合作社的根本动机，也是政府大力倡导发展合作社的初衷。从目前全国各地农民合作社的发展实践来看，合作社的发展速度很快，但发展质量并不令人满意。农民合作社在农业农村经济发展中的作用尚没有完全发挥出来，绩效水平相对较低。

除了不能很好地发挥功能外，困扰农民合作社发展的另一个显著问题就是合作社本身陷入了合作困境。从目前农民专业合作组织的实践效果来看，合作社很难实现真正合作。学术界对农民合作的必要性达成了共识，认为农民只有通过合作才能在竞争激烈的市场环境中获得良性的发展，这一理论已得到学者们的反复论述，而现实情况却是，农民之间很难真正合作，即使合作并不面临太大的不确定性而且合作的好处是显然易见的，农民依然会做出不合作的选择。

与西方国家合作社的发展历程不同，我国的农民合作社往往发轫于农村这个特定场域，嵌入当地社会经济发展情境，农民合作社应更加注重所有社员在决策制定和利益分配上的共同参与和相互合作。然而在实践中，合作社领导者往往会演变成为合作社治理的事实主体，这可能会带来小农主体地位弱化、社员出现利益矛盾等情况，严重的则会导致内部信任出现问题，进而产生更多消极影响，如合作社内部交易成本高、外部竞争能力

不强等后果，最终影响合作社绩效的实现。

本章主要针对农民合作社内信任、合作与绩效的关系展开深入探索，并进行实证分析，全面阐述三个变量之间存在的联系，从而为提升合作社内部信任水平、加强合作、提高绩效等提供相关的理论建议。

本章以云南省的农民合作社为主要对象，进行多案例和大样本数据的实证研究，把发达国家在成熟市场经济条件下提出的组织内部信任理论和合作理论与中国农民合作社的管理实践相结合，进行本土化研究，探索适合我国转型经济特定情境的合作社发展理论，这有助于促进和推动我国合作社理论的形成和发展。

6.2　相关研究

6.2.1　合作与绩效的关系

黄少安（2011）用规范的经济学研究方法将合作因素引入经济增长理论，论证了合作可以提升效率，提高经济主体的效用，并探讨了合作行为总的效果及其对经济增长产生的贡献。雷岁江（2012）研究得出业主合作对业委会的治理过程和治理能力绩效有正向促进作用，与治理结果绩效的相关性则不显著。一些实证研究也表明，企业间的良好合作关系会促进企业绩效的提升。廖成林、仇明全（2007）以重庆市 242 家企业为样本，通过问卷调查验证了企业间合作关系对企业绩效有显著的正向影响，企业间合作对敏捷供应链效益有显著正向影响，而敏捷供应链效益对企业绩效有显著正向影响。

6.2.2　信任与绩效的关系

内部信任对组织绩效特别是企业组织绩效的影响被很多学者提及和证实（黄彦博，2012；王秀婧，2014；艾睿楠，2015），许多研究均发现员工信任对组织绩效有显著影响（张蓝戈，2015；刘少红，2013；房茂涛，2016）。然而，目前关于农民合作社内部信任与绩效的研究相对较少，学界尚未揭示内部信任对农民合作社绩效的作用机制。仲亮（2013）在研究合作社绩效的过程中指出，合作社成员的相互信任、合作社的收益提升与社员相信合作社能为自己办事的态度之间密切相关。刘乐英（2014）针对信任与合作社绩效的关系展开了全面研究，通过湖南省253个社员的相关调查统计数据，利用多元回归模型分析了各种信任所产生的影响。

6.2.3　信任与合作的关系

信任是合作的基本前提，能够有效降低内部交易成本，提升组织工作效率，大量文献也显示合作社可以通过内部信任而获益（Hakelius，1998；刘宇翔，2012）。在对合作社内部信任的内涵、作用和结构取得基本共识后，国内外学者将内部信任与其他影响合作社发展的因素的关系及其动态变化作为内部信任研究的新焦点（廖媛红，2013；甘林针、程荣竺，2016）。我国农民的信任具有明显的本土化特色（严进，2007），中国农村社会关系在长期发展中形成了"关系信任"。这种以亲缘和熟人关系为基础的信任是中国农民走向合作的行动逻辑，能够推动农民合作社的建立和发展，但同时也可能会限制合作范围，最终制约农民合作社的发展规模。

6.2.4　信任在合作与绩效的关系中起调节效应

雷岁江（2012）研究了业主信任与业主合作之间的关系，并对业主合作与业委会三个方面的绩效关系进行了实证研究，结果发现：业主合作通过业主信任的中介作用来影响业委会的过程绩效和能力绩效，而业主信任对业主信任与结果绩效的关系没有中介影响。尹贻林（2014）通过对工程项目中承发包双方问卷数据的独立处理，证明了信任对工程项目的管理绩效具有积极促进作用，而且合作在其中发挥中介作用。

6.3　理论框架和假设

6.3.1　主要概念的内涵界定

6.3.1.1　信任

通过梳理心理学、社会学、经济学等学科对信任的定义，考虑中国人本土化的信任特色，以及根据在调研中与农户交流获得的第一手资料，本章提出以下定义：农民合作社的内部信任是社员在初始关系信任的推动下加入合作社，认为加入合作社后能够提高收入，并相信合作社或社长会为其办事并乐于与之合作的心理和行为。该定义更多的是从社员的需求出发，不够全面，但是对于本章的研究来说，已经能够起到一定的作用。无论是心理学，还是社会学和经济学，都主要根据信任对象以及信任来源来进行信任分类。本章从现实的角度出发，同时吸取他人研究经验，再结合研究的主题，对农民合作社的内部信任做出新的分类。本章将农民合作社的内部信任划分为关系信任与制度信任两个维度。其中，制度信任的形成源于社员对制度的依赖与认知，制度环境的细节及契约的存在都是制度信任形成的根基。关系信任则通过社员间或组织间的沟通与交往积累逐渐形成，注重信任主体间的感情交流与相互了解。二者相互补充，随时间推移而有所改变。制度信任的客观性特征，使其更关注正式的或程序上的安排而不考虑任何社员个人问题。相比较而言，关系信任的主观性更为突出，为信任双方的合作加入了柔性因子，满足了合作社内部治理的弹性需要。

6.3.1.2 合作

在目标实现的过程中，需要利益相关者之间的合作与协作。合作是协作的一种特殊形式，其特点在于目标的一致性。合作是指组织内成员为了帮助所有成员都获得超预期的目标而乐于配合其他成员活动的一种关系行为。在此基础上，组织内的成员最终可以实现共同目标，达到让组织内所有人都获益的结果。由此可以看出，合作更加注重基于目标的统一行为以实现共赢。合作社的内部合作是指社员与社长（合作社）通过协调合作过程中的各种实践活动促成目标的一致性，进而实现一种既有利于自身发展又有利于合作伙伴发展的行为。

6.3.1.3 绩效

根据对我国《农民专业合作社法》的解读，合作社成立的直接目的是实现社员之间的互助，根本目的是为社员服务，提高社员的福利，这意味着农民成立或加入合作社的最终目的是实现经济利益最大化，只有实现了社员的经济利益最大化，才能实现整个合作社的经济利益最大化，才能使其更好地服务社员，才能更好地提高社员福利，从而进入一个良性循环，最终促进合作社的健康发展。本章采用经济绩效指标来表示经济利益，所谓经济绩效是与经济活动相关的行为和结果，是经济活动的业绩和效率的统称。

6.3.2　各变量间的关系与研究假设的提出

6.3.2.1　社员合作对合作社绩效的影响

从交易成本理论的视角来看，合作可以通过降低交易成本提升组织绩效。在合作过程中，合作方间的互惠情感得到培养，这有助于建立良好的人际关系与组织关系，降低机会主义发生的概率，减少交易过程中的不确定性，由此降低交易成本。合作通过资源、知识和信息共享来培养组织能力，帮助组织提高管理质量、改善绩效。基于上述分析，提出研究假设 1。

H_1：社员合作与合作社绩效正相关。

6.3.2.2　社员信任对合作社绩效的影响

农民为了追求经济利益组成了农民合作社，同时，农民合作社又成为农民共同利益的载体。农民合作社中的成员在这个利益共同体中，既是"劳动者"，又是"所有者"，合作社成员与农民合作社的利益关系更直接、更紧密。利益是完全理性人行为的根本目标和出发点，然而，合作社成员是有限理性的，同时作为合作社管理者的社长也是有限理性的，这可能会导致二者的利益需求相偏离。

信任是解决这一矛盾的重要手段，它可以减少对不确定性的恐慌。相比于复杂的合同与纵向管理关系，信任作为含蓄的契约，可以为合作社提供更为廉价与有效的防护系统，并部分替代正式治理手段，有效降低交易成本，起到改善经济绩效的作用。基于上述分析，结合本章对信任维度的划分，提出研究假设 2。

H_{2a}：关系信任与合作社绩效正相关。

H_{2b}：制度信任与合作社绩效正相关。

6.3.2.3 社员信任对社员合作的影响

信任在农民合作社发展过程中具有十分重要的作用，是合作经济行为发生的必要条件，可以改善合作社内部的合作条件，同时合作者之间的信任程度也会影响合作效果。关系信任是推动合作产生的前因要素。制度信任的存在突显了合作各方对合同、法律、法规等制度约束的信赖，相信履约可得到应有的报酬和补偿，而违反约定则会受到相应的惩罚。对约束机制的信任会促进合同各方依照共同体利益最大化原则行事，合作的可能性将会提高。

基于上述分析，结合本章对信任维度的划分，提出研究假设 3。

H_{3a}：关系信任与社员合作正相关。

H_{3b}：制度信任与社员合作正相关。

6.3.2.4 社员信任的中介作用

良好的合作更容易使双方建立信任关系，而信任关系可以促进绩效的改善。信任在某种程度上能够使信息的准确性、可理解性和实效性得到保证，从而降低成本。没有信任，合作不具备基础，即使勉强为之，效果也不会理想，合作对绩效的促进作用是通过信任这个中介实现的。我们也可以利用理性行动理论进一步确认合作在信任与绩效之间发挥的中介作用。理性行动理论认为，外部环境的刺激使个体产生了对某种特定行为的态度和主观规范，态度和主观规范对行为意向产生作用，而行为意向导致最终的行为。信任作为个体的一种主观态度，会影响社员的实际行为。研究表明，主体的信任度越高，其采取合作行为的可能性越大。由此可以判断，信任通过合作这一行为变量影响绩效。基于上述文献与推论，本章提出研究假设 4。

H_4：社员信任对合作与绩效起到中介作用。

综上，基于研究假设提出研究模型（见图 6-1）。

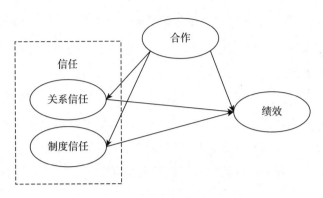

图 6 - 1　信任、合作与绩效的关系研究模型

6.4　数据和变量

6.4.1　样本描述

诸多因素影响绩效，除信任与合作外，还包括技术水平、经济水平、个人管理经验等因素。此外，合作各方的角色、信息掌握程度及受教育程度也会扰动其对信任、合作及绩效的认知。为了最大限度地排除这些不可控因素的干扰，本章选择处于相同或类似情境中的项目作为样本，问卷调查主要选定建水、澜沧、禄劝、晋宁四个地区的 25 家合作社进行数据采集，问卷的受试人群锁定在第一线的社员、社长及管理人员。本次调查历时一年零三个月，共发放调查问卷 400 份，回收问卷 327 份，回收率为 81.75%。

6.4.2　变量及其测度

为确保测度工具的信度与效度，本章尽量采用已有研究中广泛使用和验证的研究量表。在量表定稿之前，先在建水做小规模预试，将部分量表题项进行了表达上的简洁化处理，形成最终的调查问卷。

本章测度信任的量表来自 Pinto 等（2009）与 Wong（2008）等的研究成果，结合前期调研结果与云南省合作社发展现状，最后确定信任由关系信任、制度信任两个维度组成。对关系信任的测度包括 4 个题项，对制度信任的测度包括 4 个题项。合作的量表参考了 Eriksson 等（2007）的研究，由 5 个题项组成，对积极解决冲突、努力实现共同目标、信息共享、柔性管理以及互惠行为进行了测度。测度绩效的题项基于刘滨等（2009）的研究成果，测度了社员收益与组织收益两个方面，共 6 个题项，其中前两个涉及社员收益，后四个涉及组织收益。

本章采用李克特五级量表，其中 1 代表"非常不赞同"，5 代表"非常赞同"。本章对数据的处理使用 SPSS 22.0 与 AMOS 22.0 作为分析工具。采用 Cronbach's α 值检验各个变量的信度；对效度的衡量，则采用验证性因子分析方法。各量表的信度分析与验证性因子分析结果如表 6 - 1 所示。

表 6 - 1 量表可靠性系数

变量	题项	均值	标准差	因子载荷量	Cronbach's α	CFA 主要指标
关系信任	我知道社长或其他社员将怎么做，他（们）的行为总是不出我所料	3.8147	0.76389	0.93	0.943	$x^2/df = 1.986$ GFI = 0.931 IFI = 0.974 CFI = 0.934 RMSEA = 0.079
	社长或其他社员是完全可以依靠的人，尤其是在遇到重大事件时	3.6593	0.88561	0.92		
	社长或其他社员是十分诚实的人，即便他（们）说出令我无法相信的话，别人也会相信他（们）说的是事实	3.4656	0.77653	0.89		
	对社长或其他社员的行为方式十分熟悉，他（们）做事总会有一定的规矩可循	3.6509	0.80568	0.94		
制度信任	我相信合作社的盈余分配是公平的	2.9834	0.74155	0.68	0.786	
	我相信我退社时能保质保量地拿到属于我的公积金	2.7012	0.71043	0.73		
	我相信其他社员搭便车的现象会越来越少	3.0158	0.84457	0.77		
	我相信现有的治理结构有助于合作社的发展	3.4615	0.86437	0.84		

续表

变量	题项	均值	标准差	因子载荷量	Cron-bach's α	CFA 主要指标
合作	我不会为了一己之利而侵害大家的利益	3.9882	0.96433	0.91	0.937	$x^2/df = 1.863$ GFI = 0.981 IFI = 0.963 CFI = 0.915 RMSEA = 0.037
	我乐于和大家共同处理过程中发生的问题	3.7354	1.68953	0.93		
	我会为了大家共同的目标付出自己的努力	3.6107	0.89561	0.91		
	如果可以帮助合作社的话，我会向其提供我私有的财产	2.8255	0.86438	0.66		
	在市场变化的情况下，如有必要，我会灵活处理产品调价的问题	3.0248	1.07894	0.72		
绩效	加入合作社后，我的人均年纯收入有所提高	2.7994	0.98601	0.81	0.821	$x^2/df = 3.085$ GFI = 0.942 IFI = 0.903 CFI = 0.966 RMSEA = 0.084
	我得到的盈余返还数总体呈上涨趋势	2.5814	1.15689	0.75		
	为社员销售农产品的比例较高	2.1468	0.89453	0.73		
	我目前没有退社的想法	3.8863	0.76447	0.93		
	加入合作社的人越来越多	2.1589	0.75389	0.84		
	我们拥有自己的产品品牌	2.2172	0.69894	0.74		

从表 6-1 可以看出，各变量的 Cronbach's α 值均超过 0.7 的标准，表明变量具有良好的信度。验证性因子分析所得的各指标均达到可接受的参考值，表明各项变量具有良好的结构效度。在社会科学中，因子载荷量的绝对值大于 0.4 就被认为是有效的。本问卷各观测变量的因子载荷量均大于 0.5，说明各因子对相应潜变量具有较强的解释力，具有较好的结构效度，问卷质量较高，可用于进一步的实证研究。

6.5 结构方程结果与中介检验

本部分运用 AMOS 22.0 对结构方程模型进行验证。

6.5.1 结构模型结果分析

拟合结构方程模型之前先要对其进行必要的评价前测。经检验，本次调查的数据符合椭圆分布的要求，宜采用迭代加权最小二乘法（ERLS）来估计参数。评价指标均达到参考标准，提示模型与原始数据的拟合程度较高。该结构方程模型的路径系数结果如表6－2所示。

表6－2　农民合作社内部信任、合作、绩效整体结构模型拟合效果相关统计值

变量关系	S. E.	C. R.	标准化路径系数	P	是否支持原假设
关系信任与合作	0.022	7.084	0.664	***	支持
制度信任与合作	0.035	0.471	0.003	0.651	不支持
关系信任与绩效	0.011	5.136	0.249	***	支持
制度信任与绩效	0.028	2.912	0.139	0.043	支持
合作与绩效	0.038	4.684	0.241	0.028	支持

由表6－2中的标准路径系数可以发现，研究假设 H_1、H_{2a}、H_{2b} 和 H_{3a} 得到证实，假设 H_{3b} 的 P 值不显著，未能通过检验。结果表明：关系信任对合作与绩效有显著的正向影响；合作对绩效有显著的正向影响；制度信任对绩效有显著影响，但对合作的影响并不显著。

6.5.2 信任中介效应检验

Baron 和 Kenny 提出，中介效应需满足 3 个条件：一是自变量与假设的中介变量分别与因变量显著相关；二是自变量与假设的中介变量显著相关；三是当假定的中介变量放入回归方程后，自变量与因变量的显著程度降低或变得不显著了。

为了进一步验证 H_4，本章将 H_4 分为 2 个分假设。

H_{4a}：信任对合作对社员效益的促进作用发挥中介效应

H_{4b}：信任对合作对组织效益的促进作用发挥中介效应

为了检验 2 个分假设，本章利用 Baron 和 Kenny 提出的方法进行多次回归。如表6－3所示，方程 1 和方程 2 中自变量合作和中介变量信任分别

与社员效益在 0.01 水平下显著相关，相关系数分别为 0.479 和 0.591，方程 1 中合作与信任在 0.01 水平下显著相关，相关系数为 0.308，满足 Baron 和 Kenny 提出的条件 1 和条件 2。在此基础上，重点考察方程 4，同时把合作和信任纳入方程后发现，合作的回归系数显著变小了（加入前系数为 0.479，加入后系数为 0.145），但合作与信任对社员效益的影响仍然在 0.01 水平下显著。从而可以证明，信任对合作对社员效益的促进作用发挥中介效应，H_{4a} 得到分析结果的支持。

表 6 - 3　合作与社员效益的信任中介效应检验

因变量	方程	R^2	F	标准化系数	
				合作	信任
信任	1：XR = HZ + ε	0.156	42.748**	0.308**	
社员效益	2：JX = HZ + ε	0.114	19.515**	0.479**	
社员效益	3：JX = XR + ε	0.236	53.741***		0.591**
社员效益	4：JX = HZ + XR + ε	0.304	68.068	0.145**	0.526**

注：XR 代表信任；HZ 代表合作；JX 代表绩效；*** 表示在 0.10 水平下（双侧）显著相关；** 表示在 0.01 水平下（双侧）显著相关。

表 6 - 4　合作与组织效益的信任中介效应检验

因变量	方程	R^2	F	标准化系数	
				合作	信任
信任	1：XR = HZ + ε	0.156	42.748**	0.308**	
组织效益	2：JX = HZ + ε	0.707	65.704***	0.798**	
组织效益	3：JX = XR + ε	0.452	46.623		0.316**
组织效益	4：JX = HZ + XR + ε	0.801	101.291***	0.370**	0.276**

注：XR 代表信任；HZ 代表合作；JX 代表绩效；*** 表示在 0.10 水平下（双侧）显著相关；** 表示在 0.01 水平下（双侧）显著相关。

从表 6 - 4 中的方程 1 和方程 2 可以看出，合作和信任分别与组织效益在 0.01 水平下显著相关，相关系数分别为 0.798 和 0.316，方程 1 中合作与信任在 0.01 水平下显著相关，相关系数为 0.308，满足了 Baron 和 Kenny 提出的条件 1 和条件 2。再同时把合作和信任纳入方程后发现，合作的回归系数显著变小了（加入前系数为 0.798，加入后系数为 0.370），信任的回归系数也变小了（加入前系数为 0.316，加入后系数为 0.276），但合作与信任对组织效益的影响仍然在 0.01 水平下显著。进而可以证明，信任对合作对组织效益的促进作用发挥中介效应，假设 H_{4b} 得到验证。

6.6　结果讨论及结论

本章基于信任、合作与绩效间的关系模型，采用实证研究方法得出以下主要结论。

6.6.1　关系信任与合作正相关

普遍观点认为，中国社会具有关系导向型特征，强调互惠互利，合作社内部也不例外。之所以说信任是社员建立合作关系的驱动因素，主要是因为关系信任的积累使各方建立了良好的沟通基础，促成了各方的合作行为。当各方在互动中共同建立关系信任时，其行为将受到关系的制约，促使其在行为上达成一致，使得合作的正面动机更强。在关系的约束下，一方做出破坏关系的行为，将有违于关系规范中普遍认同的行为准则，会导致其自身信誉下降，甚至受到社会舆论的谴责。相反，若各方在交易过程中始终注重关系的重要性，则会减少机会主义行为，在制定决策、处理问题以及信息共享等方面表现出积极的姿态，调动各方合作的积极性。因此，在合作过程中，应对关系信任的建立与培养予以重视。

6.6.2　制度信任对合作的影响不显著

制度信任对合作有正向影响的假设未得到证实，原因包括以下三个方面。

第一，中国特有的"关系"文化。在中国文化的影响之下，信任的建立多基于关系而非制度。"关系"文化的存在，导致合作社成员对关系纽带很重视，反而轻视了正式制度对双方的约束作用。

第二，制度设计不够完善。有学者提出制度信任更易被视为一种"脆弱的信任"，因为它更依赖于可预测性与威慑性。《农民专业合作社法》自

2007 年施行以来，为农民合作社的规范和发展提供了坚强的法律保障，有力地促进了农民合作社快速发展。然而，随着近年来合作社经营范围的扩大、联社的出现、土地改革的力度加大，合作社内部的产权制度、财务制度、管理制度等亟须完善。

第三，社员综合素质较低，对制度建设不够重视。从我们访谈的近 400 位社员中（含以社长为代表的管理者）来分析，年龄分布上以中老年为主。学历层次相对也较低，近 400 位社员中只有一位拥有大学本科学历，绝大多数是初中及初中以下水平，甚至还有相当一部分是文盲。社员们有时甚至会感到正式制度、程序、契约等会约束其行为，从而对制度建设不是很重视。因此，制度信任对合作的作用并不明显。

然而，结合实际情况，从长远来看，制度信任对合作是有影响的，只是在短期内不明显。

6.6.3　信任与合作都对绩效具有正面的促进作用，关系信任对绩效的影响明显大于制度信任，且信任是合作与绩效的中介变量

与制度信任对合作的影响不显著相比，制度信任对绩效是有影响的，只是影响远不如关系信任。这从另一个角度验证了如今中国的农民合作社还是关系本位组织，信任主要建立在熟人关系网络之上。但在合作社由传统向现代转型的过程中，异质性的社会交往与社会流动逐渐增加，关系信任的作用力会表现出弱化的趋势，作用范围也会缩小。加强制度建设、培育制度信任，是维持新时期合作社内部关系，确保由"关系信任"走向"制度信任"的必由之路。关于中介效应的检验表明，信任对绩效的作用是通过合作行为实现的。从理论上讲，信任可以促成合作，而合作也会进一步强化信任。在合作存在的前提下，信任是冲破合作社发展困境、实现绩效改善的重要手段。

第7章

基于现代企业制度的农民合作社治理

7.1 引言

大力发展农民合作社是农民增加收入、农业产业结构优化升级的重要途径之一。自 2007 年《农民专业合作社法》正式施行以来，我国的农民合作社得到了快速的发展，然而与西方发达国家相比，我国合作社起步相对较晚，在治理方面仍存在着诸多需要解决的问题。有些学者从互助补偿的视角对合作社治理进行研究，崔宝玉（2015）从股权安排与社会资本两种治理机制的角度探讨了具有异质性的社员之间的合作与协调问题。许多研究发现，在我国农民合作社治理过程中，普遍存在"能人"（农村精英、大农、理事长）控制的问题（崔宝玉、谢煜，2014；梁剑峰、李静，2015），在不同程度上侵害了中小社员的利益。另外还存在着不少非核心社员"搭便车"的行为（李桃，2014），他们并没有真正参与到合作社的经营管理中来，也没有对内部控制人进行有效的监督和制约（邵科、黄祖辉，2014；孙亚范，2014）。社员之间的信任障碍是制约农民合作社发展的突出问题（罗朝健，2015；王敏、高建中，2014）。

除此之外，也有学者尝试运用公司治理的相关理论来解决合作社的治理问题（Sonja & Novkovic，2013；Hannan，2014）。Eilers 和 Hanf（1999）在对合作社剩余决策权和收益权进行深入分析的前提下，剖析了合作社委托人和代理人的关系问题，从完善委托—代理关系的角度提出了降低委托—代理成本的策略（胡振华等，2013）。也有部分学者从交易成本的角度研究了合作社的治理结构，认为合作社有利于节约交易成本（周晓东，2013）。产权安排不当也被视为影响合作社治理的重要因素（李桃，2014；周晓东，2013）。以上研究在一定程度上将企业理论应用到合作社的研究中，在应用现代企业制度优化农民合作社治理方面做出了尝试。

综上，虽然农民合作社治理问题已经越来越受到理论界的重视，但是现有的研究只是关注农民合作社治理中某一方面的问题，对于如何构建适合我国国情的合作社治理机制，目前尚未有行之有效的理论和方法。运用公司治理理论研究合作社治理机制是一个重要的研究方向，但是现有的研究仍处于探索阶段，亟待从现代企业制度视角探究农民合作社的治理及相应优化策略。

7.2 农民合作社治理本质分析

要对农民合作社治理进行深入研究，弄清农民合作社治理的本质是前提。成员入社的目的是获取合作社的各种服务，包括技术、采购、信息、销售等方面的服务，通过合作社的发展实现利益最大化，而这必然会产生"搭便车"问题。为了解决此问题，必须有一个监督者对"搭便车"行为进行监督和惩处，但是，"监督者的监督"便会成为一个困境。解决这一问题的办法是将监督者作为组织利益的剩余索取人，则监督者自身就有完备的激励。由上可知，农民合作社治理的本质是利益分配，本部分通过以下模型进行分析。

7.2.1 合作社中的"搭便车"问题

设有 n 个社员，其中社员 $i(i = 1,2,\cdots,n)$ 选择行动 a_i，$a_i \in A_i = (0, \infty)$，其个人成本为 $C_i(a_i)$，$C'_i(a_i) > 0$，$C''_i(a_i) > 0$，$C_i(0) = 0$。

记 $a = (a_1,\cdots,a_n) = (a_i,a_{-i})$ 为行动向量，$a_{-i} = (a_1,\cdots,a_{i-1},a_i,a_{i+1},\cdots,a_n)$。

生产函数为 $x = x(a)$，且 $x(a)$ 是严格递增的可微凹函数，$x(0) = 0$。

特定的制度安排使得总收益 x 在 n 个社员之间分配,记 $S_i(x)$ 为代理人 i 的所得份额。设代理人是风险中性的,故效用函数为 $u_i(S_i, a_i) = S_i(x) - C_i(a_i)$。

那么,能否有一种制度安排达成帕累托最优的分配?为此,我们先看预算平衡时的情形,此时对任意产出 x 有:

$$\sum_{t=1}^{n} S_i(x) = x \qquad (7-1)$$

在式 (7-1) 两边对 x 求导得:

$$\sum_{t=1}^{n} S'_i(x) = 1 \qquad (7-2)$$

社员 i 选择 a_i,其效用 $u_i(S_i, a_i) = S_i(x) - C_i(a_i)$ 最大化的一阶条件为:

$$S'_i(x)x'_i = C'_i(a_i), i = 1, 2, \cdots, n \qquad (7-3)$$

但是,帕累托最优的行动向量 a^* 应满足 $a^* = \arg\max\left[x(a) - \sum_{i=1}^{n} C_i(a_i)\right]$,一阶条件为:

$$x'_i = C'_i(a_i), i = 1, 2, \cdots, n \qquad (7-4)$$

由式 (7-3) 和式 (7-4) 可知,如果纳什均衡又是帕累托最优的,则必有 $S_i^* = 1$ ($i = 1, 2, \cdots, n$),但这与预算平衡约束式 (7-2) 矛盾,故满足预算平衡约束式的纳什均衡的努力水平严格低于帕累托最优的努力水平。因为每个社员只能得到自己边际产出的一部分份额,故社员都没有选择最优的努力水平以使边际产出等于边际成本的积极性,这就会出现"搭便车"问题。

7.2.2 合作社的委托—代理关系

引入监督人获取剩余收益的情况,把预算约束改为:

$$\sum_{t=1}^{n} S_i(x) \leqslant x \qquad (7-5)$$

分配方式则变为：

$$\sum_{i=1}^{n} S_i(x) = \begin{cases} b_i, x \geq x(a) \\ 0, x < x(a) \end{cases}$$

a^* 仍是由式（7-4）确定的帕累托最优努力向量。但是，若总产出大于或等于帕累托最优产出，则代理人 i 得到 b_i；若总产出小于帕累托最优产出，则代理人一无所得。

在帕累托最优处，$x(a) - \sum_{i-1}^{n} C_i(a_i)$ 达到最大化，合作社会产生复合准租金，因此该剩余会大于零，则 $x(a^*) > \sum_{i-1}^{n} C_i(a_i)$，并且存在 b_i 满足：$b_i > C_i(a_i^*)$ 且 $x(a^*) = \sum_{i=1}^{n} b_i$，$i = 1, 2, \cdots, n$。

给定其他代理人选择 a_{-i}^*，若社员 i 选 $a_i < a_{-i}^*$，则有 $x(a_i < a_{-i}^*) < x(a_i^* < a_{-i}^*)$。

由前文可知，$S_i[x(a_i, a_{-i}^*)] = 0$，$u_i(0, a_i) = -C_i(a_i) \leq 0$，但是若他选择 $a_i > a^*$，则 $x \geq x(a^*)$，$S_i(x) = b_i$，$u(b_i, a_i^*) = -C_i(a_i) \leq b_i - C_i(a_i^*) > 0$。

显然，他的最优选择是 a_i^*，这样就是一个纳什均衡。

7.2.3 社员质押的制度安排

通过社员缴纳保证金的方式也可以得到帕累托最优均衡方案，这种保证金在农民合作社的经济实践中表现为初始投资并且该投资是不可撤回的。

假定所有社员都是相同的，每一个社员在加入合作社时缴纳一定数额的保证金，数额为 $A_i = \frac{(n-1)}{n} x(a^*)$，然后按 $S_i(x) = x$ 分配，则有 $\sum_{i=1}^{n} S_i(x) = nx > x$。

在这一制度下有 $S'_i = 1$，据式（7-3）和式（7-4），在均衡下是帕累托最优的。每个社员得到的实际净收入就为：

$$x(a^*) - A_i = \frac{x(a^*)}{n}$$

监督者收取保证金，然后按 $S_i = x$ 支付给社员，则监督者的剩余为：

$$\left[x(a^*) \frac{(n-1)}{n} \right] n + x - nx > 0$$

有学者认为"搭便车"问题可通过激励机制设计予以解决，监督者的作用是通过剩余索取权打破预算平衡，而且打破预算平衡的制度可能有多重均衡。

7.2.4　监督者收益问题

这里的假定是，监督人本身不是社员，其真正作用不是监督社员，而是为不满足预算平衡的合作社提供可执行的激励方案，然而作为理性经济人的监督者在履行其义务时势必会考虑收益问题。在确定性的环境中，合作社不会有剩余给予监督人，即有 $\frac{x(a^*)}{n} n = x(a^*)$。现在的问题是，如果合作社的监督者事前就预期自己将一无所得，那就没有人有动力去组织发起农民合作社。因此，合作社必须是在环境不确定的条件下成立，而且不确定性越大，成立合作社的动力越大。

假定合作社产出受到外生因素 θ 的影响，有 $x = x(a, \theta)$，x 为随机变量。令 $F(x, a)$ 和 $f(x, a)$ 分别为 x 的分布函数和分布密度，假定 $F(x, a)$ 满足一阶随机占优条件和凸性条件。分配制度为：

$$S_i(x) = \begin{cases} S_i(x), x \geq \bar{x} \\ S_i(x) - k_i, x < \bar{x} \end{cases} \qquad (7-6)$$

其中 $k_i > 0$，$\sum S_i = 1$，则显然有 $\sum_{t=1}^{n} S_i(x) \leq x$。这个制度规定：如果产出达不到目标 $\bar{x}$，则每个社员将受到数额 k_i 的处罚；否则，总产出将全部分配给社员。设社员是风险中性的，则社员的期望效用函数为：

$$Eu_i = W_i + ES_i x(a) - k_i F(\bar{x}, a) - C_i(a_i), i = 1, 2, \cdots, n$$

其中 W_i 是社员的初始财富求导。设 a^* 为帕累托最优努力向量，则：

$$a^* = \text{argmax}\left[Ex(a) - \sum_{i-1}^{n} C_i(a_i)\right], 得 Ex(a^*) = C_i(a_i), i = 1,2,\cdots,n$$

这里 $E_i x(a^*) = \dfrac{\partial Ex(a)}{\partial a_i}$，纳什均衡的充要条件为：

$$S_i E_i x(a) - k_i F_i(\bar{x},a) - C_i(a_i) = 0, i = 1,2,\cdots,n \qquad (7-7)$$

这里 $F_i x(a) = \dfrac{\partial F(\bar{x},a)}{\partial a_i}$ 设分布函数有界，且社员有较高的初始财富水平，则调整 $\bar{x}$ 和 k_i，就可以保证纳什均衡即式（7-7）的解是帕累托最优。

7.3 农民合作社治理与公司治理的比较及分析

现代企业制度是企业永续发展的保障，而公司作为市场经济中的主体之一，是所有类型企业中运行最有效的经济组织，且公司治理理论研究及实践都相对成熟。

7.3.1 合作社治理与公司治理的区别

自 1602 年东印度公司成立以来，公司已经存续 400 多年，毫不夸张地说，没有公司就不会有今天的知识经济社会。一直以来，我国农民合作社治理受到了公司治理的影响，两者有很多相似之处，但也有着本质的区别，具体见表 7-1。

表 7-1 合作社治理与公司治理的区别

区别	合作社	公司
性质	人合法人	资合法人
成立目的	直接目的是加强社员之间的互助，根本目的是提高社员的福利，为社员服务	通过赢利实现股东资本的增值
权利基础	社员的劳动	出资

续表

区别	合作社	公司
组织机构	相对简单	相对复杂
享受的优惠条件	政府扶持力度较大	除特殊产业的公司外，必须按照法律的规定缴纳税款，国家除了提供一个公平竞争和平等有序的市场环境外，在政策上并未给予公司特殊的扶持
表决权	一人一票，不以社员出资多少给予社员不同的表决权	按出资比例或股份取得对应的表决权
服务对象	社员	消费者
退出机制	自由退出	公司法一般不允许股东在公司成立之后抽回出资，股东只能向第三人转让其所持有的股份
权利能否转让	社会权利不能转让，成员缴纳的入社股金也不可转让	股东权利可以转让，股权可以自由流通
盈余分配	惠顾返还	提取公积金、留存收益用于扩大再生产

7.3.2 公司治理与合作社治理本质的比较分析

7.3.2.1 公司与合作社的"搭便车"问题比较

从以上两种组织的治理目标来看，农民合作社的治理目标更注重"人的感受"，寻求成员利益最大化。成员入社的目的是获取合作社的各种服务，包括技术、采购、信息、销售等方面的服务，通过合作社的发展实现利益最大化。合作社缺乏内部监督，加上有些农户综合素质较低，"搭便车"行为便成为必然。更使人担心的是"搭便车"现象具有扩散属性，这就使得某些高成本农户看到别的农户在"搭便车"时，也会紧跟其后效仿，导致最后唯有低成本农户致力于耕种。

公司以资本联合为主，由投资者出资而成，投资者出资的目的是追求资本收益的最大化，公司的盈余按照资本进行分配。因此，公司治理是投资者实现利益的合法手段，对利润的追求是名正言顺的。公司的性质决定了其治理目标是投资者的资本收益最大化，即实现公司利润最大化。资本的收入决定着公司的生存和发展，为此，股东们出于自益心理是不会允许其他股东"搭便车"的。

7.3.2.2 公司与合作社的委托—代理关系比较

为了更好地服务社员，农民合作社内部也存在多种委托—代理关系（见图 7 - 1）。

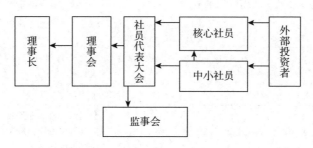

图 7 - 1 合作社内部委托—代理关系

从图 7 - 1 中可以看到，我国当前农民合作社的委托代理关系主要有社员—社员代表大会、社员代表大会—管理者、理事会—管理者、核心社员—中小社员、外部投资者—合作社五种。以上五种关系与公司的委托—代理关系不同的是，它们均是以民主为基础的。无论是普通社员，还是监事会或理事会成员，他们都是合作社的主人，地位都是平等的，都有权对合作社有关事项做出决策。在以上委托—代理关系中，中小社员与核心社员、社员与社员代表大会之间的委托—代理关系已成为当前合作社内部的主要矛盾（陈俊梁，2010）。这也是利益冲突、合作社内部控制以及"隧道效应"成为目前合作社委托—代理关系中亟须解决的主要问题的原因。

同合作社一样，公司内部也存在多种委托—代理关系，但这些关系的产生是由所有权与管理权相分离而造成的。在公司中，有纵向和横向两种委托—代理关系模式，其中股东大会、董事会与高管之间的委托—代理关系是典型的纵向模式，三者处于不同的层级之中，有着清晰的等级差异（崔宝玉，2015）。三者之间不仅是一种雇佣关系，更是一种市场化的关系（丁建军，2010）。而横向模式主要是指监事会，监事会同时受多方委托行使其权利与履行其义务。

7.3.2.3 公司与合作社财产权的制度安排比较

提供服务、追求社员利益最大化是合作社得以生存和发展的必备条件。合作社秉着公平的原则由社员入股建立，一旦成为社员，他们既是惠顾者（劳动者），又是所有者，这就意味着他们同时拥有两种生产要素——劳动和资本，并且作为主体将两种生产要素在生产经营过程中结合起来。社员向合作社投入的股金主要是经营合作社的手段和实现成员互助的条件，而不是获得利润的手段，社员行使自己的权利不依赖资本量的大小，只要是合作社的社员，就具有某种权利。因此，合作社的基础是劳动的联合，联合起来的劳动者成为合作社的主体，而资金只是处于从属地位。

相对于合作社的人合性质，公司属于资合法人，即股东之间以资本的结合为信用基础，认购的份额越多，在公司的话语权就越大，其表决的方式为资本多数权。股东在企业设立的过程中只能用可货币化的资产出资，股东要为取得股东权而放弃财产权，同时股东的出资构成了公司的财产权，并以其对外承担责任。公司取得财产权就要为股东实现资本增值，而实现资本增值的主要途径是赢利。同时，各个股东未来的收益亦以其认缴的出资额或认购的股份为限而取得（梁剑峰、李静，2015）。

7.3.2.4 公司与合作社监督者收益问题比较

监事会作为合作社的主要监督力量之一，其人员通过社员代表大会从社员内部选出，然而，它未能像政府所期待的那样发挥其应有功能，致使"内部人控制"现象逐步严重，进而侵害了普通社员的利益。除此之外，合作社内部的弱势群体与优势群体之间关于是否进行监督存在博弈，在博弈过程中，弱势群体偏向于采取"搭便车"策略。合作社产权不完整、治理机制不完善及交易费用较高等导致不完全契约的存在，而不完全契约的存在是合作社缺乏监督的另一个诱因。

对于公司来讲，两权分离是建立公司监督机制的根本原因，因此内部监督问题便成为公司内部治理的实质。与合作社相比，公司监督涵盖与经营管理有关的全部行为，因此要比合作社复杂得多。公司建立监督机制最终的目的是使公司及其工作人员合理行使权利，使公司有效运作，并确保各方之间有效制衡。公司监督机制的参与者，由于各自对公司的期望有所不同，因而在机制中发挥的作用也不尽相同。在公司众多的属性中，私利性是其最根本的属性，因此股东出于本源的利益关切会对公司进行监督。

7.4 改进措施与对策

鉴于对比结果和分析结论，结合我国农民合作社现状，为了更好地实现农民合作社对国民经济增长的保障作用，继续优化农业产业结构，应从以下四个方面考虑。

7.4.1 大力发展股份制合作社

明晰的产权是任何组织有效运行的基本前提和防范风险的重要保障。众所周知，产权的不完整往往会导致"公地悲剧"，进而使"搭便车"这一行为对合作社内部共享资源造成负面影响（郑丹、王伟，2011）。考虑到我国合作社的成立宗旨及发展现状，建议在借鉴一般股份有限公司的基础上大力发展股份制合作社。但是，股份制合作社有其独特之处，具体表现在：股份制合作社的股东只能是社员，只有他们才能购买股份；为了防止出现内部控制以及"隧道效应"，对社员认股设定最高的限额；以惠顾返还原则为主，股利占税后利润的比例要较小，甚至可以不分配股利（周晓东，2013）。为了把合作社的财产权限制在符合资格的社员手中，对合作社资产的对外流通要设置较高要求。

7.4.2 强化内部激励，解决委托—代理问题

对于一个公司来说，激励机制就是要敦促管理者努力经营、做出科学决策，从而达到股东收益最大化的目标。同理，有效的激励机制亦能够使合作社经营者和所有者的利益相一致，使合作社经营者能切实服务广大社员的利益，而不是单纯追求自己的利益或合作社的短期利益。对于管理人员，要给予一定的剩余索取权或恰当报酬。在我国的市场条件下，合作社缺乏管理，大多数农民合作社的管理源于成员，然而在进行利益分配时，他们只能以普通社员的身份得到收益，这会增加他们的机会主义行为（谭智心、孔祥智，2012）。为肯定他们对合作社的价值和贡献，可支付管理人员一定的工资，以发挥激励作用。

为了降低代理人采取机会主义行为的概率，可以鼓励普通社员参与到合作社事务的管理中来。为此可以引导中小社员适当增加出资比例，使合作社内部各方力量达到一个相对协调的状态，使其成为有效的委托人；同时，也是最重要的，就是要进一步规范合作社的盈余分配，真正做到公平、公开、公正；最后，隐性激励也是必需的（连宝典，2003）。农民合作社是弱势群体的组合，推崇的是自助、民主、平等、公平和团结的价值观，这对社员有较强的激励作用。

7.4.3 理事会民主决策代替社员民主决策

我国合作社的表决权制度借鉴了国外的一些方法，以"一人一票"为主。然而，作为合作社主体的普通社员——农民，文化水平普遍不高，维权意识不强，容易出现内部人控制与民主决策的矛盾（董一眉等，2011）。为解决此矛盾，建议理事会成立行使决策权的组织机构，这样当理事长出现信用危机、管理能力不足等问题时，合作社组织的稳定性也不会遭到太大的破坏（崔宝玉等，2012）。为了配合这一政策实施，需同时做到以下三点：①强制设立理事会；②对理事会成员进行道德教育和专业培训；③明确规定理事会成员不得从事关联交易。

7.4.4 完善合作社的监督机制

在合作社发展的初期阶段，经营管理不够规范，对合作社事务的监督就显得尤为重要。建立科学可行的监督机制是彻底解决内部人控制问题的根基，亦是解决委托—代理问题的关键。然而，我国对合作社监事会的设置没有采取强制方式，建议无论合作社规模大小，都应强制建立监督机构。合作社监督机制的基础应是公平，除此之外，效率也应是合作社监督机制的价值取向，二者是辩证统一的有机整体，相互制约、相互促进（袁久和，2013）。最后，要认可社员权利的完整性，从法律角度增加社员的诉讼权及其他应有的权利。

|第 8 章|
农民合作社可持续发展能力评价

8.1 引言

　　农民合作社是市场经济条件下发展适度规模经营和现代农业的有效组织，其益贫性在农村贫困治理领域具有不可忽视的作用，这使其成为反贫困的理想载体。基于此，国家大力培育农民合作社发展，以期其能够成为贫困户发展产业的重要支撑、本地就业的稳定渠道、资源升值的有效载体。2020 年脱贫攻坚完成后，我国反贫困工作进入了一个新时代，农民合作社发展的可持续性是提升脱贫农户可持续生计能力的关键动力，是巩固脱贫攻坚成果的基石。为此，农民合作社的发展能力是否具有可持续性，其效益能否长期发挥，是关系到对农民合作社益贫功能再检验的问题。

8.2 对现有研究成果的综述与分析

　　对于合作社这样一种有着独特的制度属性、组织功能和社会认知的社会经济组织形态，可持续发展可谓基本命题。农民合作社可持续发展既是一个合作社自身不断试错、变革和演进的自然过程，也是一个外部环境不断引导、推进和帮扶的诱致过程（徐旭初，2014）。张晓山（2015）认为农民合作社可持续发展的底蕴来自合作社的理念、价值观和人文精神的培育。农民合作社可持续发展需要理论创新、法律修订和合作社企业家的涌现。充分保障农民社员利益的产权制度和有效的激励机制，是合作社可持续发展的重要条件。正确处理政府扶持与合作社内生发展之间的关系，是合作社可持续发展的关键所在。苑鹏（2018）以法国最大奶农合作社索迪雅（Sodiaal）为例，研究其以消费者为核心、以保障奶农收益为目标、以提升牛奶价值为导向的专业化可持续发展模式。索迪雅通过改进原料奶收购价格机制，有效发挥合作社在竞争中的市场标尺作用；通过完善民主治理、深化成员股权制度和收入分配制度改革，为合作社的可持续发展提供制度保障。黎莉莉（2018）对重庆市农民合作社可持续发展的影响因素进行了分析，研究结果表明普通成员的受教育程度、管理者能力、合作社的组织结构完善性、成员对合作社的信任度、合作社的赢利能力、合作社的带动能力、政府的支持作用等对农民合作社的可持续发展具有显著正向影响，政府对内部事务的干预对农民合作社的可持续发展具有显著负向影响，其中管理者能力的影响远远大于其他因素。丁晓蕾、王维林（2019）指出后精准扶贫时代应建立常规性减贫机制，以更好地发挥农民合作社在乡村振兴中的作用，实现后精准扶贫时代农民合作社的可持续发展。许小桦、雷国铨（2019）基于嵌入性视角，明晰了农民合作社可持续性发展的制度基础。赵晓峰（2019）回应了国家与农民、市场与农民、农民合作与乡村振兴之间的关系，提出了新时代推进农民合作社可持续发展的路径。

分析文献发现，农民合作社可持续发展问题正慢慢进入我国学者的研究视线，但是目前对农民合作社可持续发展能力的研究还仅仅停留在定性阶段。为此，本书拟构建农民合作社可持续发展能力评价指标体系，使影响农民合作社的各项指标得以量化，合作社管理者亦能够加以对照，更清晰地了解自身的不足，从而采取措施。同时，根据农民合作社可持续发展能力指标体系，政府能够更了解农民合作社的需求，为合作社的发展提供有力的帮助。

8.3　农民合作社可持续发展能力评价体系构建

本书在借鉴前人相关理论研究的基础上，运用企业资源基础理论，同时结合农民合作社的特点，选择物质资本资源、人力资本资源以及组织资本资源作为农民合作社可持续发展能力评价指标体系的构成要素。

8.3.1 农民合作社可持续性发展能力评价指标

8.3.1.1 物质资本资源

经济基础决定上层建筑，农民合作社的发展需要物质保障，本书选择的物质资本资源主要有注册资本、办公场所、固定资产净值、年经营收入及银行贷款。第一，农民合作社的发展必须有资金的支持，对于刚刚成立的合作社来说，注册资本显得尤为重要。在合作社发展的后期，注册资本也会起到很大的作用，比如，国家在对合作社进行项目支持的时候，对合作社的注册资本都有一个下限要求。所以农民合作社要想长久地发展下去，充足的注册资本是必备的前提。第二，固定的办公场所有利于合作社的规范化及其业务的开展，也有利于平时社员代表大会的召开。第三，固定资产净值也称为折余价值，是指固定资产原始价值减去已提折旧后的净额。它可以反映农民合作社实际占用在固定资产上的资金数额和固定资产的新旧程度。一般情况下，固定资产的成新率越高，使用效率越高，对合作社可持续发展的贡献就越大。第四，年经营收入是合作社对外取得利润的基础。只有取得较多年经营收入，合作社才有可能产生可分配盈余，才能实现合作社成立的初衷。第五，合作社需要可持续发展下去，就需要不断地规范化，不断地扩大规模，其中每个环节都需要资金的支持，仅靠合作社内部的资金互助是远远不够的，所以，银行贷款显得尤为重要。

8.3.1.2 人力资本资源

人是社会发展的活动主体、最宝贵的资源和核心动力，农民合作社的可持续发展离不开人的作用，所以选择人力资本资源作为合作社的另一分析指标合情合理。合作社拥有一定数量的销售人员、技术人员以及财务人员，在竞争越来越激烈的当今社会，销售人员、技术人员以及财务人员如果能互相配合，就会形成良好的团队精神，促使合作社朝一个好的方向发展。成员账户是农民合作社根据有关规定设立，用来记录成员与合作社的经济往来情况，借以处理成员与合作社利益分配关系的专用会计账户。拥有成员账户的成员越多，越能说明社员参加合作社的受益情况，受益越多的社员越倾向于继续参加合作社，进而促进合作社的可持续发展。前文多次提到合作社具有益贫和返贫阻断功能，在精准扶贫时期政府部门大力倡导建档立卡贫困户参与到合作社的发展中来。打赢脱贫攻坚战之后，原贫困社员在实现内生性脱贫后如还继续参加农民合作社，对农民合作社的可持续健康发展、政府相关政策的制定和落实具有重要的理论意义与现实价值。对合作社可持续发展影响最大的是合作社社长，社长作为一社的领导，能决定合作社的发展方向，主宰合作社的命运。社长的年龄对其个人观念及其对合作社发展的态度有很大的影响。综上，本书选择销售、技术、财务人员数，拥有成员账户的成员数，建档立卡贫困户数及社长的年龄作为具体的分析指标。

8.3.1.3 组织资本资源

组织资本资源主要包括的具体指标为：机构设置、利益分配机制、会议记录频次、产品品牌建设以及是否得到政府支持。第一，机构设置对于农民合作社的可持续发展很重要，好的机构设置能够起到互相牵制又互相促进的作用。第二，合理的利益分配机制是农民合作社正常运行的前提，如果没有合理的利益分配机制，农民合作社将失去相关主体的支持，那么也就不会实现可持续发展。第三，会议记录频次是农民合作社真实的写照，是处理内部事务的直接记载，无论对当前还是长远来说，都具有很好的借鉴作用。一个农民合作社的会议记录频次，能够反映合作社的正规程度。第四，产品品牌是一种无形资产，增强产品品牌建设能够提高农民合作社的知名度及其市场竞争力，从而促进其可持续发展。第五，政府的外部支持也很重要，往往会影响农民合作社的可持续发展方向。

综合上述内容，构建农民合作社可持续发展能力评价指标体系（见表 8－1）。

表 8－1 农民合作社可持续发展能力评价指标体系

目标层	C 农民合作社可持续发展能力		
准则层	C_1 物质资本资源	C_2 人力资本资源	C_3 组织资本资源

续表

方案层	C_{11} 注册资本	C_{21} 销售、技术、财务人员数	C_{31} 机构设置
	C_{12} 办公场所	C_{22} 拥有成员账户的成员数	C_{32} 利益分配机制
	C_{13} 固定资产净值	C_{23} 建档立卡贫困户数	C_{33} 会议记录频次
	C_{14} 年经营收入	C_{24} 社长的年龄	C_{34} 产品品牌建设
	C_{15} 银行贷款		C_{35} 是否得到政府支持

8.3.2　农民合作社可持续发展能力评价指标权重

目前的相关研究表明，学者通常会采取两种方法即层次分析法及专家赋权法来计算指标权重。其中，专家赋权法的主观特征比较明显，为定性方法。而层次分析法不仅能够客观展开分析计算，还可以结合专家的主观判断，这种方法在进行定量分析的同时又涉及了定性分析，所以，本书主要采取层次分析法进行指标权重的设定。

层析分析法的重点在于判断矩阵的建立。其中，对矩阵元素值进行明确涉及两个步骤：一是挑选专家组成员；二是由专家进行打分。本书专家由 7 名高校教师、1 名省农业农村厅专家及 3 名农民合作社理事长组成。在专家打分阶段，通过德尔菲法进行优化。

以下主要针对层次分析法的指标权重明确过程进行论述，并主要以准则层为目标。

（1）针对目标层进行绩效判断矩阵 H 的构建，并按照以上专家打分步骤，对矩阵元素值进行明确，本书计算方法采用 Satty 的研究结论。具体见表 8-2。

表 8-2　判断尺度

标度	1	3	5	7	9	2，4，6，8
含义	同等重要	稍微重要	明显重要	强烈重要	绝对重要	相邻判断的中间值

例如，针对元素 A 与 B，专家们采取三轮评分的方式，若在重要性方面所得出的结果是 A 明显重要于 B，则可得到以下矩阵：

$$\begin{vmatrix} H & A & B \\ A & 1 & 5 \\ B & 1/5 & 1 \end{vmatrix} \qquad (8-1)$$

指标层 1：X_1 与 X_2 同等重要，X_1 与 X_3 相比，其重要性介于同等重要与稍微重要之间，X_2 与 X_3 相比，其重要性介于同等重要与稍微重要之间。由此得到以下矩阵：

$$\begin{vmatrix} H_1 & X_1 & X_2 & X_3 \\ X_1 & 1 & 1 & 2 \\ X_2 & 1 & 1 & 2 \\ X_3 & 1/2 & 1/2 & 1 \end{vmatrix} \qquad (8-2)$$

指标层 2：Y_2 与 Y_1 相比，其重要性介于稍微重要与明显重要之间，Y_3 与 Y_1 相比，其重要性介于同等重要和稍微重要之间，Y_2 与 Y_3 相比，其重要性介于同等重要与稍微重要之间。由此得到以下矩阵：

$$\begin{vmatrix} H_2 & Y_1 & Y_2 & Y_3 \\ Y_1 & 1 & 1/4 & 1/2 \\ Y_2 & 4 & 1 & 2 \\ Y_3 & 2 & 1/2 & 2 \end{vmatrix} \qquad (8-3)$$

（2）对判断矩阵的最大特征值进行计算。首先，对所有元素进行几何平均值的计算，即 $M_i = \sqrt[n]{\prod_{j=1}^{n} a_{ij}}$，$i = 1, 2, \cdots, n$，得到向量 $M = (M_1, M_2, \cdots, M_n)^T$，$n$ 为矩阵阶数。其次，对向量 M 进行归一化处理，$W_i = M_i / \sum_{j=1}^{n} M_j$，得到向量 $W = (W_1, W_2, \cdots, W_n)^T$，$W_i$ 是每项指标所计算的权重。最后，根据公式 $HW = nW$ 得出 $\lambda \dfrac{1}{n} \sum_{i=1}^{n} \dfrac{(HW)_i}{W_{i\max}}$，由此计算最大特征值。

（3）进行单层一致性检验。根据公式 $CR = CI/RI$，其中 CR 代表一致性检验系数，CI 代表单层一致性检验系数，RI 代表平均随机一致性指标，其数值主要通过数学工具书查找得到（见表 8-3）。

表 8 – 3 *RI* 值与 *n* 的关系

N	1	2	3	4	5	6	7	8	9	10	11
RI	0	0	0.58	0.9	1.12	1.24	1.32	1.41	1.45	1.49	1.51

当 $CR \leq 0.1$ 时，判断矩阵符合一致性要求，反之必须重新对判断矩阵进行调整。根据上述数据和公式展开计算，得出 $CR < 0.1$，明显符合一致性要求。所以，所选择的权重系数可以被采用。根据上述流程，在此对指标层进行权重分析及一致性检验。最后，进行总体一致性检验。

针对 14 项指标构建 14 阶判断矩阵，并运用层次分析法进行研究，分析得到特征向量为（1.107，0.853，0.992，1.130，1.107，1.176，0.923，0.692，0.761，0.900，1.199，0.830，1.222，1.107），14 项指标对应的权重值分别是：7.91%、6.10%、7.08%、8.07%、7.91%、8.40%、6.59%、4.94%、5.44%、6.42%、8.57%、5.93%、8.73%、7.91%。除此之外，结合特征向量可计算出最大特征根（14.000），接着利用最大特征根值计算得到 *CI* 值（0.000）。整理数据后得出农民合作社可持续发展能力评价情况（见表 8 – 4）。

表 8 – 4 农民合作社可持续发展能力评价

单位：分

目标层	准则层	方案层	81 ~ 100	61 ~ 80	41 ~ 60	21 ~ 40
农民合作社可持续发展能力	物质资本资源（37.07%）	注册资金（7.91%）				
		办公场所（6.10%）				
		固定资产净值（7.08%）				
		年经营收入（8.07%）				
		银行贷款（7.91%）				
	人力资本资源（25.37%）	销售、技术、财务人员（8.40%）				
		拥有成员账户的成员数（6.59%）				
		建档立卡贫困户成员数（4.94%）				
		社长年龄（5.44%）				
	组织资本资源（37.56%）	机构设置（6.42%）				
		利益分配机制（8.57%）				

续表

目标层	准则层	方案层	81~100	61~80	41~60	21~40
	组织资本资源 （37.56%）	会议记录频次情况（5.93%）				
		产品品牌建设情况（8.73%）				
		是否得到政府支持（7.91%）				

注：判断矩阵 1：$CI=0$，$RI=0$，$CR=0$；判断矩阵 2：$CI=0$，$RI=0.58$，$CR=0$；判断矩阵 3：$CI=0$，$RI=0.58$，$CR=0$。三者均通过一致性检验。

8.3.3 农民合作社可持续发展能力评价标准说明

根据云南省级示范合作社的标准，结合国家对农民合作社项目申报的条件要求，本书拟定农民合作社可持续发展能力评价标准（见表8-5）。

表8-5 农民合作社可持续发展能力评价标准

题项	81~100分	61~80分	41~60分	21~40分
注册资本	500万元及以上	200万（含）~500万元	100万（含）~200万元	100万元以下
办公场所	不仅有固定的办公场所，还分部门设立办公室，有专门的会议室	有固定的办公场所，但没有分部门设立办公室	无拥有产权的办公场所，但有租用的办公场所	没有固定的办公场所，也无租用的办公场所
固定资产净值	200万元及以上	100万（含）~200万元	50万（含）~100万元	50万元以下
年经营收入	100万元及以上	50万（含）~100万元	20万（含）~50万元	20万元以下
银行贷款	有银行贷款，银行贷款对其发展有很重要的帮助作用	有少量的银行贷款，感觉银行贷款办起来比较困难	正准备申请银行贷款	没有申请银行贷款的打算
销售、技术、财务人员数	有自己专门的销售人员、技术人员及财务人员	只有销售、技术及财务人员中的两种人员	只有销售、技术及财务人员中的一种人员	三者都没有
拥有成员账户的成员数	100人及以上	50（含）~100人	20（含）~50人	20人以下
建档立卡贫困户数	100人及以上	50（含）~100人	20（含）~50人	20人以下
社长的年龄	30（含）~40岁	40（含）~50岁	50岁及以上	30岁以下

续表

题项	81~100分	61~80分	41~60分	21~40分
机构设置	拥有自己的理事会、监事会，并且各部门都按要求履行自己的职责	有自己的理事会、监事会，但是各部门没有很好地履行职责	只有理事会，没有监事会	都没有
利益分配机制	有自己的利益分配机制，并且按照该机制来分配利益	有自己的利益分配机制，但是现实中不完全按照此机制来分配	没有固定的分配机制，有时候有利益分配，有时候没有	基本没有
会议记录频次	每次开会都有会议记录	大部分情况下有会议记录	偶尔有会议记录	没有会议记录
产品品牌建设	拥有自己的产品品牌，该品牌给合作社带来很好的利益	有一两个产品品牌	没有产品品牌，但正在积极创建	没有产品品牌，也没有建立品牌的想法
是否得到政府支持	得到政府的各项支持，包括资金、税收、用地等方面	有的方面得到政府的支持	正在积极申请得到政府的支持	没有得到政府支持，并且没有意向去得到政府的支持

根据上述各评价指标的指标值，结合专家打分，把农民合作社可持续发展能力分为四个等级，分别为优秀、良好、中等、差（见表8-6）。

表8-6 农民合作社可持续发展能力评价等级

单位：分

评价描述	优秀	良好	中等	差
得分	85~100	75~84	60~74	60以下

如果农民合作社的最终得分为85~100分，说明这个合作社发展得相当好，有很强的生命力。合作社的发展会繁荣农村经济，会为社员增收。如果农民合作社的最终得分为75~84分，说明该合作社的发展处于良好的状态，虽然该合作社现在的收益良好，但是还存在一部分问题，如果不能及时解决这些问题，农民合作社的可持续发展受到影响。如果农民合作社的最终得分为60~74分，说明该合作社的发展处于中等水平，该合作社可能有实体存在，也在从事产品的生产，但是该合作社是否能为社员服务令人怀疑，如果不能很好地为社员提供服务，农民合作社也就改变了它的

性质，持续性的发展也将不可能发生。如果农民合作社的最终得分在 60 分以下，说明该合作社的发展状况很差，或许该合作社只是一个空壳子，可持续性的发展更是无从谈起。

8.4 农民合作社可持续发展能力的实证研究
——以云南省为例

8.4.1 云南省农民合作社的发展现状

根据云南省农业农村厅经管站提供的数据（2020 年），进行如下分析。

8.4.1.1 农民合作社发展迅速

截至 2019 年底，全省农民合作社总数达 59617 个，比上年增加 1788 个，增长 3.1%。其中，被农业主管部门认定为示范社的 3163 个，比上年减少 307 个，减少 8.8%，示范社占合作社总数的 5.3%。

农民合作社成员 3340319 个，其中农户成员 3278022 个，建档立卡贫困户 637526 个。合作社成员比上年增长 2.5%，全省入社率达 6.87%，平均每个合作社有成员 56.03 个。

8.4.1.2 种植业、畜牧业合作社占比较高

从事种植业的合作社 30799 个，比上年增长 7.5%，占总数的 51.66%。其中：粮食生产合作社 3011 个，比上年增长 9.2%；蔬菜产业合作社 7149 个，比上年增长 9.8%。从事林业的合作社 4439 个，比上年减少 1.7%，占总数的 7.45%。从事畜牧业的合作社 19054 个，比上年增长 3.0%，占总数的 31.96%。其中：生猪产业合作社 6477 个，比上年减少 1.5%；奶业合作社 294 个，比上年增长 1.7%；牛羊产业合作社 5195 个，比上年减少 1.5%；肉鸡产业合作社 1454 个；蛋鸡产业合作社 334 个。从事渔业的合作社 717 个，比上年增长 0.6%，占总数的 1.20%。从事服务业的合作社 3271 个，比上年增长 45.9%，占总数的 5.49%，其中农机服务合作社 610 个，植保服务合作社 366 个。

8.4.1.3 农民是领办主体

由农民领办的合作社 55131 个，占合作社总数的 92.48%；由村组干部牵头领办的合作社 9494 个，占合作社总数的 15.92%；由企业牵头领办的合作社 823 个，占合作社总数的 1.38%。

8.4.1.4 服务范围不断拓展

提供产销一体化服务的合作社 35148 个，比上年增长 12.3%，占合作社总数的 58.96%；以提供生产服务为主的合作社 17583 个，占合作社总数的 29.49%；以提供购买服务为主的合作社 618 个，占合作社总数的 1.04%；以提供仓储服务为主的合作社 177 个，占合作社总数的 0.30%；以提供运销服务为主的合作社 402 个，占合作社总数的 0.67%；以提供加工服务为主的合作社 664 个，占合作社总数的 1.11%；其他合作社 5025 个，占合作社总数的 8.43%。

8.4.1.5 运行质量不断提高

全省有注册商标的合作社 1934 个，比上年减少 1.7%。通过农产品质量认证的合作社 691 个，比上年增长 5.2%。其中：通过无公害农产品认证的合作社 440 个，通过绿色食品认证的合作社 193 个，通过有机食品认证的合作社 87 个。农民合作社统一组织销售农产品总值达 1756243 万元，比上年增长 2.3%。统一组织购买农业生产投入品总值达 418291.8 万元，比上年增长 5.7%。

8.4.1.6 经济效益稳步提升

农民合作社的经营收入达 1379768.4 万元，比上年增长 16.4%。合作社当年可分配盈余达 254702.9 万元，比上年减少 2.7%。其中：按交易量返还成员 164950.2 万元，按股分红 38011.5 万元。提留公积金、公益金及风险金的合作社 3136 个，比上年减少 17.7%。

8.4.1.7 财政扶持逐年递增

各级财政专项扶持资金总额达 37820.9 万元，比上年增长 54.1%。合作社在金融部门贷款 11664.9 万元，比上年增长 12.90%。当年承担国家财政项目的合作社 856 个，其中承担国家涉农项目的合作社 313 个，较上年增加 130.1% 。

8.4.1.8 盈余及其分配情况良好

2019 年新增农民合作社联合社 138 个，农民合作社联合社成员 3686 人。农民合作社联合社经营收入达 15532.4 万元，盈余 2604.9 万元，可分配盈余 2459 万元。其中按交易量返还成员总额达 1210.4 万元，按股分红总额达 354.1 万元。

8.4.2 云南省农民合作社存在的问题

全省农民合作社虽得到较快发展，但仍处于初级阶段，在自身发展和外部环境等方面还存在一些急需解决的问题。

8.4.2.1 存在空壳合作社

各级财政近几年加大资金投入扶持农民合作社发展，导致一些人虚假注册农民合作社，而没有实际经营运作。这样的经营组织不仅不能带动农户致富，还导致了农民对农民合作社性质的曲解，影响恶劣。

8.4.2.2 现有的农民合作社规模偏小，辐射带动能力差

30 个社员以下的合作社占 44%，经营收入 30 万元以下的占多数，这些合作社做大的希望渺茫，对市场的影响力有限，带动社员增收的能力不强。特别是对于贫困村、贫困户来说，仅依靠小规模、市场竞争能力不强的合作社难以致富。

8.4.2.3 制度不健全，运作不规范

有些已注册登记的农民合作社章程制定不规范，理事会、监事会职责不清，会员权利、义务不明。在全县合作社中，理事会、监事会、社员大会活动正常的不到一半。在已成立的合作社中，有些属"三无"合作社，即无牌子、无收入、无专门办公场所。

8.4.2.4 品牌意识弱，市场竞争力不强

缺乏创新意识、管理意识，再加上资金投入不足，多数农民合作社仅仅是对农产品进行初加工，缺乏对产品的深加工，产品市场竞争力不足。全省农民合作社中只有少数合作社的产品注册了商标，大多数品牌的市场

知名度不高，品牌获利能力不强，导致合作社的组织优势得不到充分发挥，服务层次普遍较低，缺乏市场竞争力。

8.4.2.5 市场营销手段落后，网络营销滞后

由于农民合作社经营管理模式落后，经营管理人员普遍文化素质偏低，多数农民合作社仍停留在过去传统的营销手段上，依靠传统市场销售产品，没有建立电子商务营销平台，产品销售有限，市场拓展能力弱。

8.4.2.6 财政支持相对较少，金融扶持难以落实

近几年仅有中央、省级财政拨发对农民合作社的补助资金，县级没有相关的项目及补助资金。《农民专业合作社法》虽然规定了合作社金融贷款扶持政策，但由于没有具体操作细则，很多合作社很难从金融部门直接获得贷款，只能以理事长或牵头人个人的名义得到小额抵押贷款，且利率高、期限短，存在很大风险。

8.4.3 对云南省农民合作社可持续发展能力的调查分析

如前文所述，课题组对云南省 128 家合作社进行了实地调研，获得有效问卷 124 份。

8.4.3.1 物质资本资源调查分析

从调查的结果来看，124 家合作社中注册资本达到或者超过 200 万元的比例达到了 50%（见表 8 - 7），其中注册资本最高的是元谋县田鑫种养殖产专业合作社（8000 万元），最少的为红河县红柑种植专业合作社（19.14 万元）。

表 8 - 7 农民合作社注册资本统计

注册资本	500 万元及以上	200 万（含）~ 500 万元	100 万（含）~ 200 万元	100 万元以下
数量（家）	34	28	32	30
占比（%）	27.42	22.58	25.81	24.19

在对合作社的办公场所进行调查的时候发现，绝大多数合作社有自己的固定办公场所，但相当多合作社的办公场所不是很正规，比如理事长或

社长的居住地就为办公场所。

从表8-8可以看出，固定资产净值200万元及以上的农民合作社占42.13%，100万（含）～200万元的占25.81%，两者合计66.94%。而50万（含）～100万元的占16.13%，50万元以下的占16.94%。其中，固定资产净值最多的是景谷云松水产养殖专业合作社（952万元），最少的是勐海明卓茶业专业合作社（13.42万元）。

表8-8 农民合作社固定资产净值统计

固定资产净值	200万元及以上	100万（含）～200万元	50万（含）～100万元	50万元以下
数量（家）	51	32	20	21
占比（%）	41.13	25.81	16.13	16.94

在124家合作社中，年经营收入50万元及以上的达70.97%，20万（含）～50万元的占16.94%，20万元以下的占12.10%（见表8-9）。

表8-9 农民合作社年经营收入统计

年经营收入	100万元及以上	50万（含）～100万元	20万（含）～50万元	20万元以下
数量（家）	46	42	21	15
占比（%）	37.10	33.87	16.94	12.10

通过调查发现，124家合作社中有23家合作社认为资金短缺。大多数合作社反映资金缺乏，融资渠道很少，银行一般都要求合作社拿房产来抵押，而部分合作社没有自己的房产，加上对农业风险的考虑，很多银行不愿意贷款给合作社。也有合作社拿着自己的房产做抵押去获取贷款，但是贷款额度很小。加上贷款手续复杂、周期长，银行贷款不能为合作社解燃眉之急。

8.4.3.2 人力资本资源调查分析

通过调查，124家合作社中有120家拥有专门销售人员，占96.77%，111家拥有专门技术人员，占89.52%，109家拥有财务人员，占87.90%，总体状况良好。

通过表 8-10 发现，拥有成员账户的成员数为 50（含）~100 人的农民合作社所占比例为 40.32%，其次为 100 人及以上、20（含）~50 人、20 人以下。拥有成员账户的成员数最多的合作社为广南县谦益蜂业养殖农民专业合作社（1639 人），最少的为昭阳区绿众养殖专业合作社（5 人）。

表 8-10   农民合作社拥有成员账户的成员数统计

拥有成员账户的成员数	100 人及以上	50（含）~100 人	20（含）~50 人	20 人以下
数量（家）	29	50	24	21
占比（%）	23.39	40.32	19.35	16.94

从表 8-11 分析得出，建档立卡贫困户数在 20 人以下的合作社占比最大（41.94%），其次是 100 人及以上（29.03%）、50（含）~100 人（15.32%）和 20（含）~50 人（13.71%）。一般情况下，当原贫困社员发现加入合作社带来的实际收益大于预期收益时，其会选择继续与合作社合作。

表 8-11   农民合作社拥有建档立卡贫困户数统计

建档立卡贫困户成员数	100 人及以上	50（含）~100 人	20（含）~50 人	20 人以下
数量（家）	36	19	17	52
占比（%）	29.03	15.32	13.71	41.94

从表 8-12 可以看出，大部分社长的年龄在 40（含）~50 岁，这个年龄段的人拥有丰富的社会经验和广阔的人脉，在物资购买、产品销售以及关系沟通方面都占有很大的优势。

表 8-12   农民合作社社长的年龄统计

社长年龄	30（含）~40 岁	40（含）~50 岁	50 岁及以上	30 岁以下
数量（家）	26	61	32	5
占比（%）	20.97	49.19	25.81	4.03

8.4.3.3　组织资本资源调查分析

关于机构设置，问卷结果显示，所有的合作社都召开过社员代表大会，最多的一年 4 次，最少的一年 1 次。在社员代表大会的表决方式中，一人一票制的占多数，为 78.1%，其次采用的是"一人一票 + 附加表决权"，占总数的 10.6%。不同的合作社对附加表决权的规定不一样，有的以出资额为限，有的以不超过总票数的一定比例为限，没有统一的标准。农民合作社成立的原则是"民办，民管，民受益"，合作社章程规定"一人一票"，而在实际操作过程中，大部分是按照"一股一票"来进行的，也就是说那些大股东有控制合作社的权利。不过在现实中，社员能接受这种决策方式，因为很多社员只是想"搭便车"，他们认为，自己的物资采购、产品销售以及技术问题得到解决就行了。在我们调查的 124 家合作社中，虽然有 117 家合作社拥有自己的章程，但是这当中绝大多数是照搬合作社法中的条款，极少数合作社会根据自己的实际情况来编写合作社章程。虽然只有 68 家合作社有入退社制度，占总数的 54.84%，但绝大多数社长表示，农民可以自由退社，可以带走自己的出资额，这符合合作社入社自愿、退出自由、退出时可以带走自己的出资额的基本原则。这表明目前云南省农民合作社基本能尊重成员的退社自由，这有利于合作社的可持续发展。124 家合作社中有 109 家合作社有财务管理制度，占总数的 87.9%。

关于利益分配机制，在被调查的合作社中，只有 26 家合作社的利益分配机制是由社员代表大会来制定的，占样本量的 20.97%；而由理事会制定利益分配机制的合作社高达 98 家，占 79.03%。可见，当前大多数农民合作社的利益分配权掌握在理事会手上，许多普通成员在利益分配上没有发言权，甚至没有知情权，这也是合作社利益分配机制被许多学者批判的原因。调查中笔者还发现，在 98 家由理事会控制收益分配决策权的合作社中，有 19 家是由理事长一人控制，甚至有 6 家合作社没有进行盈余返还，这与《农民专业合作社法》的规定相去甚远。

在谈到合作社的各项记录问题时，124 家合作社中有 119 家有详细的会议记录，占总数的 95.97%。有 121 家有详细的产品交易记录，占总数的 97.58%。有 109 家定期公开财务，一年最多有公开 4 次的，但是毕竟是少数几家。124 家合作社中有 118 家不同程度地帮助社员采购物资，其中有 46 家合作社的社员所用的物资全部由本合作社统一采购，采购比例最少的只有 55%，采购的物资主要包括化肥、农药、种子以及农膜等，总体上给农户节省了不少成本。124 家合作社中有 121 家统一对外销售农产品，有时候农户留少部分零售。

关于产品品牌建设，有 49 家合作社注册了 72 个商标，由此可见合作社对品牌的重视程度较高。

关于是否得到政府支持，在被调查合作社中，获得政府财政支持的占 56.45%。

8.4.4　富民县红山果种植专业合作社

8.4.4.1　富民县红山果种植专业合作社的基本情况

富民县红山果种植专业合作社由李兴富等 5 人发起，经富民县工商行政管理局登记注册，于 2015 年 3 月 25 日成立，注册资本 120 万元，合作社地址位于昆明市富民县罗免镇麻地村委会上村，生产和示范基地位于富民县罗免镇麻地村委会麦地冲坡上。基地面积 100 余亩，园内建有蓄水池 680m^3，有机肥发酵钢架大棚 290m^2，仿古钢架观光亭 80m^2，办公及果品包装间 150m^2，职工生活用房 160m^2，园内道路设施齐全，苹果树大部分为 10 年左右的盛果期树。社员 103 名，其中彝族 21 名，苗族 32 名，建档立卡贫困户 2 名。共栽下苹果树及各种其他果树 360 多亩。

合作社社员为具有一定生产技能的苹果种植户，以诚信为先导，以创新为出路。合作社以市场为向导，坚持集约高效及技术、资源、信息共享的理念，通过社员的合作与联合，本着服务在社、生产在户原则，实行风险共担、盈亏自负、入社自愿、退社自由的管理模式，为社员提供购销平台和技术服务。

社员代表大会是本社最高权力机构，理事会成员 3 人（设理事长 1 名）、监事会成员 2 人（设监事长 1 名）、会计 1 名、出纳 1 名，设生产技术科、市场营销科、财务管理科、办公室。合作社按照财务公开、管理透明、民主监督的原则运作，做到实物与账目相符、往来明晰清楚、价格公开、分配公正。

合作社成立以来，在富民县委、县政府及相关部门的大力支持和帮助下，规模得到迅速发展。2015 年 11 月 28 日，在国家工商行政管理总局商标局注册了"凉香红"商标，2016 年获得"富民县县级示范社""昆明市市级示范社"荣誉称号。合作社参加了由富民县供销联合社组织的第十一届、第十三届昆明泛亚国际农业博览会，成为 2018 年、2019 年全国基层农技推广示范主体。2018 年 12 月 10 日，基地种植的"嘎啦""红露""红将军""红富士"四个品种，经中国绿色食品发展中心审核，符合绿色食品 A 级标准，被认定为绿色食品 A 级产品，被许可使用绿色食品标志。

为保证生产，销售优质、卫生、安全的果品，合作社实行五个统一：生产措施统一、生产资料购进统一、果品质量统一、果品包装统一、果品售价统一。在果品生产过程中严格执行绿色食品的生产流程。为使果树栽培逐步向规模化、规范化方向发展，合作社通过各种渠道引进良种，成功后推荐给社员，并免费提供嫁接条。专业技术人员的技术实施与推广起到了很好的示范带动作用，获得了行业内认可，经常有禄劝、武定、昆明周边的农户亲临果园参观学习，有效带动了上述地区苹果产业的发展。通过合作社的辐射和带动作用，实现了技术、信息和效益共享。

8.4.4.2 富民县红山果种植专业合作社可持续发展能力评价

如表 8-13 所示，富民县红山果种植专业合作社的可持续发展能力评价得分为 80.15 分，评价结果等级为良好。

表 8-13 富民县红山果种植专业合作社可持续发展能力评价

目标层	准则层	方案层	实际情况	得分（分）	权重（%）	综合分数（分）
农民合作社可持续发展能力	物质资本资源	注册资本	120 万元	55	7.91	4.35
		办公场所	1 个	87	6.10	5.31
		固定资产净值	203 万元	88	7.08	6.23
		年经营收入	126 万元	85	8.07	6.86
		银行贷款	29 万元	84	7.91	6.64

目标层	准则层	方案层	实际情况	得分（分）	权重（%）	综合分数（分）
农民合作社可持续发展能力	人力资本资源	销售、技术、财务人员数	各1人	91	8.40	7.64
		拥有成员账户的成员数	103人	92	6.59	6.06
		建档立卡贫困户数	2人	35	4.94	1.73
		社长的年龄	56岁	57	5.44	3.10
	组织资本资源	机构设置	有"三会"	86	6.42	5.52
		利益分配机制	每年年底按股分红	88	8.57	7.54
		会议记录频次	每次开会都有专人记录	86	5.93	5.11
		产品品牌建设	"凉香红"商标	84	8.73	7.33
		是否得到政府支持	是	85	7.91	6.72

8.5　结论与建议

前文对云南省农民合作社的发展现状进行了阐述，并且对124家农民合作社的调查数据进行了分析，在此基础上发现制约当前农民合作社可持续发展的瓶颈。从中可以看出：首先，融资问题是合作社可持续性发展的最大阻碍；其次，合作社的办公场所不是很正规，究其原因是缺少专门的建设用地；再次，合作社章程大多数是照搬照抄合作社法中的条款，较少会根据自身情况来编写；最后，关于利益分配机制，大多数合作社的收益分配控制权在理事会手里。结合以上问题，建议政府加强信贷支持，给予合作社一定的土地优惠，进一步加大财政扶持力度。而对于合作社自身，建议加强财务管理、规范机构设置、提高普通社员的话语权。

附　录

云南省农民合作社调查案例

新平永欣食用菌产销专业合作社

一　合作社基本情况

新平永欣食用菌产销专业合作社成立于 2013 年 12 月，注册资本 180 万元，位于云南省玉溪市新平县建兴乡马鹿塘，是一家以食用菌种植、批发、零售为一体的专业合作社。合作社依托玉溪盛康生物科技开发有限公司，以"合作社＋公司＋生产基地＋社员"的运营模式，提供优质种苗，也提供技术、产品回收、新品种推广等方面的服务，同时季节性生产鸡枞、猴头菇、白参、白蘑菇、平菇、金针菇、羊肚菌等产品供应市场。合作社共有社员 82 户，带动农户 300 多户，带动建档立卡贫困户 5 户，种植面积 260 多亩，科学实验示范地 18 亩，种植示范基地 100 亩。现阶段年生产食用菌 1000 余吨，产品销往玉溪周边、普洱、西双版纳及东南亚地区。

合作社获授权专利 12 项，与玉溪盛康生物科技开发有限公司联合注册商标"盛运康"。

二　合作社运营情况

1. 创新驱动，把合作社基地打造成新产品研发、新技术推广的高效平台

合作社充分利用相关科研院所的优质资源，明确基地任务，下沉基地

选址，把新产品研发、新技术推广落实到基地建设的每一个环节，利用基地研究中心和扩繁服务中心，使合作社成为新产品研发、新技术推广的高效平台。合作社投资 700 余万元，完成了扩繁服务中心和实验室的建设，完成菌棒生产流水线、实验大棚以及分布于两县五乡的五个实验示范基地的建设。合作社先后与省农科院、省食用菌研究所、玉溪农职院等科研院所深度合作，开展了以下项目：省高职院校产教融合示范建设、利用核桃林地及核桃废弃枝条进行猪苓种植、冷凉山区的食用菌种植技术研究及推广应用、鸡枞菌人工种植实验、林下小棚化食用菌种植等各项食用菌的研发实验。合作社先后成为省农科院高原特色食用菌栽培试验示范基地、省教育厅"校政企"合作科技创新实验基地、玉溪农职院食用菌研发实验基地，并荣获省科技厅、省工业信息委员会、玉溪市人民政府等有关部门的多次认可。

2. 研发新产品、推广新技术，促进产业增收

合作社种植的白参、猴头菇、林芝、黑鸡枞等几个新品种都获得了良好的收益，年产值 50 余万元。合作社菌业的稳步发展繁荣了农村经济、增加了社员及农民收入、提高了粮食转化率，符合人们消费增长和农业可持续发展的需求。

3. 产品多元化，由单一的食用菌种植转型为食（药）用菌种植

合作社利用核桃林和核桃废弃枝条进行猪苓种植，节约了成本，变废为宝，一地两用，促使农户增收，带动贫困村走上一条脱贫致富的新路子。猪苓种植项目的种植面积达 260 亩，培养种植户 100 多户，预计可以为贫困村增加集体经济收入 1650 余万元。

4. 以人才培育为关键，推进合作社规范化建设

合作社建立"政府主导、部门组织、院校支持、社会各界参与"的四方联动机制，以实现提高农民合作组织的经营管理能力、提升为农服务体系的功能和培养新型职业农民为目标，采取"送技术下乡""职业学校＋农民合作组织＋农户"等多种培训形式开展农村实用技术培训和农村劳动力转移培训，2019 年培训农民合作组织经营管理人员 100 多人次。

5. 登高望远，以新产品研发、新技术推广的"双新"工作为服务扶贫攻坚、接轨"一带一路"添砖加瓦

"双新"工作，对于助推食用菌产业发展、服务扶贫攻坚、接轨"一带一路"所起的作用是不可低估的。合作社利用核桃林地和核桃废弃枝条种植猪苓的项目首先在四个贫困乡镇展开，为贫困农民脱贫找到一条切实可行的新路子，同时为食用菌走出国门、接轨"一带一路"打下了坚实的基础。

三 合作社下一步发展计划

1. 继续完善"合作社+企业+社员+基地"的合作模式

利用企业和基地优势，通过效益杠杆作用，调动社员和农户的种植积极性，促使菌业增值增收。联合更多的贫困农户加入合作社，2021 年本社社员要从现在的 82 户发展到 100 余户。通过合作社带动社员、社员带动周边农户，让更多的农民朋友在自家门口实现就业，减少留守儿童、留守老人，为建设社会主义新农村贡献力量。

2. 不断扩大种植规模，增加种植种类

计划到 2022 年，使食用菌种植面积达到 600 亩以上，产值达万元，群众农户增收 4 万元左右。合作社在食用菌种植的基础上大力发展食（药）用菌，进一步加强科研力量，完善工程实验中心，充分发挥扩繁服务中心在新产品研发与新技术推广中的作用，计划在未来 3 年内完成专利 4 项、新产品研发 3 项、专项实验课题 3 项。

3. 引进优秀人才，打造优秀的管理团队

以合作社为龙头，带动食用菌生产走向产业化道路：①利用合作社优势，培养现代化食用菌专业人才，加强种植技术培训和现场指导，建设示范性基地；②多形式、多渠道推广，组建"社员+村组+企业"的产业网，不断壮大产业，带动更多农户种植，扩大生产规模，增加产业效益。

4. 建立网络销售平台，实现产品的远程销售

让本社的优质食用菌"走出去"，并向海外延伸，做大做强市场。更好地满足广大人民群众的线上线下需求，利用各个乡镇的快递网点优势，

建立乡村公共取送点，与当地政府主导的农村电子商务综合服务站（点）合作，真正助推农村经济发展，带动当地群众增收致富。

5. 坚持"安全、绿色、环保、优质"的宗旨

自始至终遵循"高品质、高效率"的原则，力求为消费者提供优质、安全的产品。立足当地，面向全国，放眼世界。

6. 加强合作社自身建设

严格按照《农民专业合作社法》和合作原则加强合作社自身建设，定期召开社员大会，讨论决定重大事项，社员大会闭会期间，严格实行理事会具体决策，及时兑现社员盈利，不拖欠，费用报销公开透明，确保社员利益不受侵害，确保合作社良性发展。

7. 推进品牌化建设

努力提升自身的业务和经营管理能力，推进品牌化建设，真正实现原生态食用菌直销，以利于广大消费者、利于合作社发展、利于社员增收。

西盟班帅茶叶农民专业合作社

一 合作社经营情况

1. 发展情况

西盟班帅茶叶农民专业合作社组建成立于 2012 年 5 月 29 日，注册资本 78200 元，社员 287 户，其中建档立卡贫困户 172 户。合作社组织机构健全，各项管理制度完善，实现了规范管理。合作社以服务"三农"为宗旨，坚持"民有、民管、民享""自主经营、自负盈亏、平等互利"的原则，坚持质量第一、诚信为本、科学发展、规范管理，带领广大农民建设新农村。合作社现已建成示范茶园基地 612.2 亩，辐射茶园面积 5000 多亩。

2. 运行机制

西盟班帅茶叶农民专业合作社实行"五个统一"的运作模式，即统一病虫害测报、统一购买农资、统一技术培训、统一茶叶品牌、统一质量

管理。

3. 带动增收

合作社成立后，基本解决了种植、采摘、加工、销售和管理问题，解决了茶农"种茶无人买"的后顾之忧，节省了劳动力，减轻了茶农的劳动量，提高了生产率，使茶农与市场得到有效对接，提高了茶农种茶、管茶的积极性和主动性，打造岳宋乡大叶茶品牌，增加了企业效益，实现茶农、合作社、企业"三赢"，推动了茶叶产业的发展。合作社成立以来，仅在班帅村就收购鲜茶叶 137500 千克，为社员创收 63.5 万元。

4. 制度建设

一是健全机制。合作社设立理事会、监事会、社员代表大会，明确合作社和社员的权利、义务，健全理事会、监事会、社员代表大会的运作机制，对合作社的发展规划、年度计划、财务收支情况，社员的入社、退社、继承、除名、奖励、处分等事项进行表决审议，严格落实"一人一票"制。按照"民办、民管、民受益"原则，充分利用自然资源、区位优势和品种优势，与普洱祖祥高山茶园有限公司、普洱祖祥有机技术服务有限公司合作，建立"公司＋合作社＋家庭农场＋示范基地"的运作模式，走"生产、收购、服务、销售"一条龙的经营路子，使茶叶产业提质增效。

二是完善制度。修订《西盟班帅茶叶农民专业合作社章程》进一步完善财务管理制度、社员大会制度、理事会工作制度、盈余分配制度、民主管理制度等规章制度。

二 合作社下一步发展计划

1. 发展路线

更新改良茶树品种，发展绿色优质茶园。随着茶园建设的不断深入，合作社将致力于培育新的茶树品种和改良现有茶树品种，始终保持高产优质的绿色有机茶园特色。

深入挖掘，提高土地利用率，实行产品深加工。随着茶园改良项目的逐步实施，合作社将进一步实施茶树林下养殖生态土鸡项目，提高土地单位面积附加值。同时，进行机械设备改造，建成茶叶全程机械化加工生产线，以提高合作社的加工能力，提高产品质量。

依托茶叶示范基地建设，带动农户种植。建成后的合作社示范基地有500余亩，但是仅靠合作社管理的茶园不足以做大做强当地茶业经济，发展茶叶产业还需要发展更多的茶园。合作社以茶叶示范基地带动周边更多的农民发展茶园种植，为合作社扩大产能提供了有力的保障。

依托茶园建设，带动旅游业发展。在茶园发展后期，努力突破现有瓶颈，向茶叶生产、茶叶加工和休闲旅游为一体的综合生产开发道路前进，逐步把班帅村建设成为发展"三高农业""生态农业""旅游农业"的开放型农业休闲项目示范区。

2. 营销策略

拓宽西盟班帅茶叶农民专业合作社产品的销售渠道，主要方向如下。第一，订单销售。合作社与连锁超市、批发市场、进出口公司等签订合同。第二，选择代理商。合作社经过市场调研和洽谈，选择合适的代理商，将产品委托他们销售。第三，建立销售机构。采取直销模式，选择有市场的主要地区开设销售机构，如专营店、专柜等。第四，直接进入批发销售环节。这种方式不足之处是由于产品是在批发市场卖给批发商，销售价格一般低于直销价格。

三 其他有关情况

建立利益机制，引领农户致富。合作社坚持以市场为导向、资源为基础、科技为依托、脱贫为引领，积极探索推行"公司＋合作社＋家庭农场＋示范基地"的运行模式，吸纳周边贫困劳动力就业，让贫困户长期受益。

明确一个目标。班帅村有着悠久的种茶、制茶历史，有良好的生态环境，有勤劳的群众，发展茶叶产业既发挥了资源优势，又符合市场要求，更符合周边群众脱贫致富的迫切愿望。合作社的目标就是建立茶叶示范基地，带动农户致富，实现农户和合作社共同富裕。

树立两个理念。合作社遵循"政府引导、企业投资、群众参与"的发展理念和"互惠互利、合作共赢"的生产经营理念，充分发挥合作社的市场优势、技术优势、品牌优势，提升产品附加值，让群众在合作社增收，让合作社在经营中赢利，最终实现可持续发展的目标。

增加三项收入。第一，增加土地流转收入。合作社先后流转周边群众茶园 200 余亩，流转周边群众土地新建茶园 600 余亩。仅此一项，每年可使贫困户户均增收 4000 元以上。第二，增加务工收入。合作社每年吸纳长、短期贫困劳动力就业 120 人，平均月工资 1800~2500 元，贫困户每年可增加劳务收入 2 万元以上。第三，增加入股分红收入。合作社与班帅村及周边村有愿意入社的贫困户签订了带资分红协议，以贫困户生产资料为基础，按照返本分利的模式，给贫困户分红返利，此项每年可使入社贫困户户均增收 5000 元以上。

元江县禾润芒果专业合作社

一 合作社经营情况

1. 合作社基本情况

元江县禾润芒果专业合作社成立于 2016 年 4 月 26 日，法人代表杨绍光，注册资本 100 万元，目前共有 139 名成员，含 2 家公司、137 名农民成员，公司有员工 32 人，其中管理人员 7 人、技术人员 6 人、工人 19 人。合作社注册地位于元江县元江农场后方，有石灰窑和阿竜两个基地，总种植面积 1500 余亩，下辖农润科技和阿竜庄园两家公司，主要种植芒果、冰糖橙、番荔枝、波罗蜜等亚热带作物。

2. 合作社发展情况

截至 2019 年 12 月底，合作社已涵盖元江县澧江街道、甘庄街道、龙潭乡、因远镇 5 个乡镇的农民。合作社建设完成红河谷热带经济水果试验基地 17 亩，专门研究元江热带水果种植技术和病虫害防治技术。截至 2018 年 3 月，合作社已完成元江芒果老树矮化改良技术试验并推广应用 714 亩，建设完善农残检测、农业追溯体系等各项农业监测设施。2018 年

各生产基地产量达 640 吨，产值约 324 万元；2019 年各生产基地产量达
820 吨，产值约 524 万元。

2018 年 11 月合作社取得外观设计专利证书，2019 年 9 月取得元江晚
芒芒果、贵七芒果、金凤凰芒果、台农芒果、冰糖橙、番荔枝等绿色食品
证书，2019 年 11 月被玉溪市农业农村局认定为市级示范社。

3. 合作社运行机制

合作社通过订单形式建立紧密的利益联结机制，通过"集中服务、统
购统销"的经营模式组织生产，成员间合作关系紧密。合作社组织专业技
术人员，提供种苗，对农户统一培训。随着网络科技不断发展，合作社充
分利用网络营销平台，与中国供销总社签订了网络供销协议，建立了微信
服务号、公众号等网络营销平台，建设了亚热带水果采摘庄园，遵循"合
作社＋农户＋互联网＋旅游"的管理理念，扩大了元江亚热带水果的销售
渠道，提升了品牌形象。

4. 带动增收情况

随着乡村旅游的盛行，合作社积极响应县委各部门的号召，引进云南
阿竜农业庄园开发有限公司，采用"合作社＋旅游＋农户"的经济管理模
式，建设元江县阿竜农业旅游庄园、阿竜村亚热带水果采摘园，将游客带
进农户田间采摘，并扩大采摘品种种植和采摘村落范围，同步带动农村民
族特色食品工艺品的销售。

2018 年，合作社参加了第 5 届中国－南亚博览会，并同步在合作社科
技示范基地召开亚热带芒果管理新技术论坛，吸引大量果商、电商、媒体
等到会参展，实现了元江芒果品牌提升，增加了农民收入。

5. 制度建设情况

合作社严格按照《农民专业合作社法》开展日常事务管理，建设了较
为规范的管理体系和制度，建立了自下而上与自上而下相结合的联合组织
体系，建立了农民合作社的退出机制，保障政府政策的贯彻实施，并保障
农民合作社的规范化运行。目前，合作社主要建设了以下几个方面的管理
制度：健全的章程和"三会"制度；民主管理制度；透明的财会制度；合
理的盈余分配制度。

二 合作社下一步计划

加强全体社员价值观念的统一，树立统一思想、统一管理、统一销售的企业文化。引进和培养人才，强化人员外遣学习和内部培训，打造一支优秀的管理团队。建立完善的信息化管理平台，加强科研实验，提高芒果品质及增加产量，加速推进农产品电商体系建设。诚信立业、加大宣传、开拓市场，实现种、管、收一条龙。

楚雄市苍岭镇志祥种植植保专业合作社

一 合作社经营情况

楚雄市苍岭镇志祥种植植保专业合作社成立于 2017 年，基地面积3700 亩，注册资本 60 万元，合作社带动农户数量 1000 余户。合作社成立之初，就制定了规范的章程，建立健全了社员代表大会、理事会、监事会。近年来，合作社得到快速发展，并在促进当地农村经济发展、助推产业扶贫工作中发挥了重要作用。合作社以发展产业为目标，以社员为依托，以社会化服务为导向，积极探索"公司＋基地＋农户＋互联网"的运行模式。合作社所属楚雄州志祥粮油有限公司现有注册商标"柯玉""楚鹿"，取得绿色食品认证、食品安全管理体系认证和质量管理体系认证证书。合作社坚持天然无公害种植，为广大客户提供一条安全、无污染的绿色食品通道，努力打造楚雄州粮油产业化旗舰企业。

2019 年底合作社资产总额为 105.44 万元，固定资产 105 万元，经营收入 89.28 万元。2020 年亩产 700 千克，合计收入 130 万元以上，促进农业增效、农民增收，在苍岭镇产业结构调整中起到引领作用。

二 合作社下一步发展计划

合作社计划，以产业带动发展，将农业种植、观光旅游、科技示范、生态保护、绿色养殖直销、生态环境保护融为一体，具体规划建设如下。

生态农业休闲区：2022 年 10 月，完成楚雄市苍岭镇志祥种植稻谷庄园建设，可容纳 100 人/日。稻谷种植园区：2022 年 10 月，完成规模化连片种植 600 亩。乡村垃圾转化有机肥生产区：2021 年 10 月，完成乡村生活垃圾收购，进行有机肥生产，改善生态，合理利用资源。科技示范区：2022 年 12 月，将完成规模化种植的 600 亩稻谷种植园区建设成为科技示范园，带动农户发展。

三　其他有关情况

1. 经济效益

本地优质大米饱受消费者喜爱，广大农户种植稻谷的经济收入高。合作社以提质增效为总目标，以特色富民产业为基础，按照产业扶贫要求和农户自愿、服务成员的原则，建立稳定脱贫长效机制和利益分配机制，推动特色富民产业进一步发展，提高生产经营能力，保障贫困户获得稳定的收入，真正实现"建一个组织、兴一个产业、活一方经济、富一批群众"。

2. 社会效益

推动稻谷产业化发展，促进地方经济发展，打造增收主导产业，改变地区单一的传统农业模式，加快农业产业化调整步伐，增加农产品产量和商品量，增强农民的市场经济意识。

3. 生态效应

实行稻田养鱼，改善生态环境，提高森林覆盖率，美化乡村，调节气候，维持生态平衡，充分发挥地理优势。

4. 扶贫效应

充分发挥合作社在产业扶贫、促进贫困户稳定增收方面的带动作用，引导有产业发展意愿的贫困户加入合作社，形成"基地＋贫困户"的产业发展模式。鼓励支持贫困户以土地、林权等各种要素入股，建立稳定的产业发展关系。合作社发展至今，已带动 66 户建档立卡贫困户发展稻谷产业。稻谷产业的发展，将更有力地带动农村经济发展，帮助农民增收，使其实现彻底脱贫。

峨山县云翔玫瑰产销专业合作社

一 合作社经营情况

近年来，峨山县大龙潭乡党委、政府按照"近抓烟菜、远抓花果、发展林畜"的发展思路，着力打造生态宜居的"花果之乡"。通过党建引领，强化实施乡村振兴战略，加大产业结构调整力度，积极探索高原特色农业发展新模式，将玫瑰花产业作为促进农民增收的抓手，引导农户发展玫瑰花产业。为了提高农产品的市场竞争力，增加农民收入，2017年7月，在大龙潭乡人民政府及各位花农的大力支持下，郑三军等62人设立了峨山县云翔玫瑰产销专业合作社，并于当月完成了工商注册登记。近年来退社成员2人，新增成员22人，目前共有成员82人，成员遍布大龙潭乡、岔河乡、富良棚乡、塔甸镇等，并带动非成员农户85户。合作社主要从事花卉、中药材、蔬菜的种植、加工和销售。种植面积1210亩左右，经营收入2018年143万元，2019年179万元，2020年200万元。合作社统一生产要求，提供种苗并进行技术辅导，统一收购产品。近年来合作社每年都进行盈余的返还，大大增加了成员的收入，2019年成员人均收入3.5万元。合作社证照齐全，规章制度健全，运作规范，按照《农民专业合作社财务会计制度（试行）》进行会计核算、设置账簿，成员账户健全。

二 合作社下一步发展计划

合作社组织成员并带动其他农户扩大生产规模，增加新品种的育苗和种植，进一步促进农民增收。合作社计划用3～5年，使种植面积达到1600亩，成员达到180人，带动其他农户120户，从而拉动峨山县及周边县金边玫瑰、墨红玫瑰、金丝皇菊、蝴蝶兰等产业的发展，实现产品精加工，逐步树立合作社自己的品牌，使成员和其他农户从中得到实惠。

三 其他有关情况

合作社现有成员中有建档立卡贫困户2户，所带动的非成员农户中有建档立卡贫困户 2 户。为了配合政府的扶贫攻坚工作，从 2018 年至今合作社对 4 户贫困户采取加强种植技术辅导、优先收购产品等帮扶措施，使 4 户贫困户于 2020 年全部脱贫摘帽。今后合作社将进一步发挥合作优势，进一步加大对成员特别是贫困户的服务力度，带领农民闯市场，增加农民收入，让农民过上幸福美好的生活。

勐海明卓茶业专业合作社

一 合作社经营情况

勐海明卓茶业专业合作社于 2016 年 2 月 29 日正式注册，合作社设理事 3 名，其中理事长 1 名（法定代表人）、理事 2 名，设监事 1 名，设财务人员 2 名，其中会计 1 名、出纳 1 名。

合作社自运转以来，各方面状况良好，是无负债的农民专业合作组织。合作社的领导班子具有较强的市场和风险意识，在群众中有号召力和凝聚力。社员大多为当地农户，科技文化水平低、技术能力差，茶园管理较为粗放，因此茶树生长不良、产值不高。由于长期使用农药、除草剂等，生态环境和茶叶品质受到影响，给食品安全带来较大的隐患。加之茶叶加工机械化水平低，增加了劳动力成本，影响茶农的增收。合作社自 2016 年成立以来，在格朗和乡半坡老寨、竹林寨、丫口、多依寨、苏湖、帕沙等村寨都建盖了茶叶初制加工所，打开了当地茶叶的销路。同时合作社倡导农户开展绿色有机茶叶种植，不使用农药、除草剂，规定茶叶收购的标准，大大提高了茶叶的品质，农户的收入也得到了提高。

合作社以种植、收购、加工茶叶为主导，发展特色茶业，引导农民开创增收路子，逐步形成规模化、产业化生产，对传统农业产业、区域经济的发展起到了示范作用，带动周边广大农户共同致富。

合作社在规范种植茶叶的基础上，提高自我发展能力，支持大户，拉动小户，与成员签订购销协议，努力拓展销售市场，建立稳定的购销体系，从而增加产值，使成员人均纯收入显著提高，带动农户 248 户，其中建档立卡户贫困户 35 户。2019 年合作社经营收入达 3191 万元，年末可分配盈余 102 万元，社内成员年平均收入 7561 元，高出非成员同行业人均收入 57.8%。

二 合作社下一步发展计划

合作社计划聘请农业、茶叶专家进行技术指导和实地培训，建设示范生态茶园 800 亩。

推进机械化、绿色生产。提高茶叶生产作业效率和种植效益，围绕茶叶生产的关键环节，大力推广节本增效的机械技术，努力提高茶叶生产的综合机械化水平。严格遵照无公害茶园防治标准和药剂使用标准，采取物理、化学防治相结合的方式，配备专人对病虫害实行统防统治。建立严格的质量安全管理制度，在基础设施、机器设备上严把质量关，保障生产的安全顺利，保证茶叶原料基地的持续发展。注重收集整理统计数据，规范档案管理工作。

通过规范化的种植管理、机械化程度的提高来降低成本、提升品质，计划实现产值 300 万元，使种植户收入逐年递增，乡村经济稳步发展。

西畴县满山红火龙果种植专业合作社

一 合作社经营情况

西畴县满山红火龙果种植专业合作社位于西畴县鸡街乡那马村委会下坝村，2015 年 5 月 21 日在西畴县市场监督管理局注册登记，注册资本 237 万元，法定代表人骆剑。到目前为止，合作社有社员 140 人，其中农民社员 138 人，占社员总数的 99%。合作社种植基地种有火龙果 1060 亩，带动建档立卡贫困户 387 户共 1513 人，合作社在职员工 16 人，建筑面积为 3000m²，固定资产总值 86 万元。2019 年合作社实现销售收入 450 万元，实现利润 260 万元。2017 年合作社被评为州级示范社，种植的火龙果获得国家绿色食品 A 级认证。

合作社主要采取"合作社 + 公司 + 基地 + 农户"的运作模式，统一种植、统一技术管理、统一购进、统一销售，实现了产、供、销一体化服务。以农民为主体，以市场为导向，以科技为依托，以服务为动力，实行多元化发展。合作社依据《农民专业合作社财务会计制度》开展日常会计核算、编制会计报表、编写财务状况说明书、公布财务状况和经营状况、建立规范账目，以确保各项收支的规范透明。

为了健全内部运行制度，保证合作社健康发展，合作社先后制定了合作社章程、财务制度、社员大会制度、社员管理制度等多项制度，做到了制度健全、机制完善、运行规范。合作社组建以后，成立了社员代表大会、理事会、监事会。社员代表大会每年至少召开 1 次，理事会和监事会每季度各开 1 次，合作社对社员的培训每年不少于 2 次。合作社按照社员代表大会决策、理事会执行、监事会监督、成员团结合作的民主管理机制运行，各项决策必须在全体社员充分讨论的基础上，按照充分发扬民主的原则表决通过。

合作社通过订单形式建立紧密的利益联结机制，采用"集中服务，统购统销"的经营模式，与昆明多个个体批发商签订定向供货协议，批发商以保护价优先采购合作社产品。合作社规范生产资料采购渠道，统一采购生产资料，社员能享受最低批发价格，平均价格低于市场价格的 10% 以上。

二 合作社下一步发展计划

合作社计划在今后 3 ~ 5 年建成年产火龙果酒 2000 吨、火龙果面 300 吨的全自动生产线，计划实现销售收入 5000 万元。合作社努力提高产品质量，把好质量关，加强品牌建设，提高产品知名度，把火龙果产业做强做大，提高社员的经济效益。

新平振新水果产销农民专业合作社

一 合作社经营情况

新平振新水果产销农民专业合作社于 2017 年 7 月 4 日成立，位于云南省新平县戛洒镇新寨村，法人代表金志勇，股东吴正春、刀忠贵、彭永芳、刀连贵、刀世忠、刀星铭，注册资本 17000 元。合作社设理事长 1 名、副理事长 1 名、理事 1 名、监事 1 名，实行理事长负责制。

合作社现有种植面积 2460 亩，种植冰糖橙果树 23 余万株，年产量为 4800 吨，预组货量 3000 吨。合作社现有员工 95 人，其中管理人员 5 名、技术人员 8 名、管树工人 82 名。2019 年合作社社员实现户均收入 52000 元，带动周边农户实现户均收入 48000 元。合作社重视内部管理，执行制度管人，从人员构成、章程制定、民主管理、社务公开、利润分配、资金管理、民主理财等方面建设完善的管理制度。合作社的管理经营模式为"农户 + 公司 + 合作社"，有自主的品牌。合作社制定了统一的服务标准，实行统一管理、统一培训。合作社根据自身服务能力，通过土地流转和订单的方式，辐射带动周边。合作社建设了分果包装厂和冷库，日处理量为 200 吨。合作社聘请技术人员解答社员在生产中遇到的问题，并对社员进行定期、不定期的培训，对其进行种植技术指导。

二 合作社下一步发展计划

合作社以市场为导向，以农户为基础，以企业为龙头，不断创新，最终形成家庭经营、合作经营、产业化经营齐头并头和农户、合作社、企业共赢的局面。合作社计划建设冷链物流，投资 3000 万元，现已租用土地 20 亩。农户生产、销售同样的产品，联合采购生产资料和技术服务，通过合作来形成相对较大的生产经营规模，提高产品销售价格，降低生产资料采购价格，更方便地获得技术服务，从而增加收入。下一步，合作社将联合其他农民合作社组建联合社，抱团闯市场，改变经营无序状况。继续加强与邮政系统的合作，带动小农户销售柑橘、冰糖橙等。

三 其他有关情况

合作社坚持绿色可持续发展的理念，施用有机肥，采用物理防虫方法，确保绿色、生态、安全。合作社坚持以市场为导向，实行规模化、标准化生产。合作社开展绿色生态建设，建设高标准的基地，进行新技术、新品种试验。定期组织社员互相交流经验，探索良好的种植模式。做到生产有记录、信息可查询、流向可跟踪、责任可追溯，全力打造面向全国的无公害绿色食品，用科学种植技术引领农户提高种植管理水平。

易门县十街稻香鱼专业合作社

一　合作社经营情况

易门县十街稻香鱼专业合作社注册成立于 2017 年 3 月 15 日，由王连卫发起，共有社员 104 户，成员共同出资 132.57 万元，注册地址位于云南省玉溪市易门县十街彝族乡十街村委会新城村 44 号。合作社的主要生产经营项目：蔬菜、粮食种植及销售；谷花鱼养殖与销售；粮食初加工与销售；蔬菜种子销售；化肥零售。

易门县十街彝族乡十街村委会新城村处于滇中干热河谷地区，被誉为易门的"鱼米之乡"，十分适合稻谷、谷花鱼、洋葱的生长，是发展特色养殖（种植）业的优选地。全村按照"一山、一林、一品、一特、一带"的经济发展思路，打好谷花鱼品牌，壮大特色养殖业、种植业。合作社充分利用得天独厚的气候和环境资源，采用"合作社 + 基地 + 农户"的发展模式，发展稻田生态养鱼特色产业，带动农户增收致富。

合作社成立以来经营状况良好，2019 年合作社共实现营业收入 361.4 万元，固定资产 46.51 万元，盈余返还 107.16 万元，带动农户户均增收3000 元。

合作社以农民为主体，以服务社员为宗旨，按照"入社自愿，退社自由，社员地位平等"原则谋求全体成员的共同利益。一是健全内部管理制度，制定《易门县十街稻香鱼专业合作社社员管理制度》，规范民主管理机制，实行民主决策、民主管理和民主监督，让社员当家做主。二是规范财务管理制度，实行财务公开，制定《易门县十街稻香鱼专业合作社财务管理制度》《易门县十街稻香鱼专业合作社盈余分配制度》，实行独立建账，规范会计核算。三是规范经营行为，加大服务力度，按照"统一品种、统一技术、统一管理、统一收购、统一销售"的模式，形成产销联结紧密的利益共同体。

二　合作社下一步发展计划

未来 5 年，合作社将加大稻田养鱼技术推广力度，扩大稻田养鱼规模，有效提升产业品牌影响力，带动农户增收。一方面，合作社采取"合作社+基地+农户"的运营模式，将产业发展与农户连接起来，推动产业持续发展，带动全村农户增收致富。另一方面，合作社结合河谷特色，将特色养殖与旅游结合起来，组织举办"开鱼节"，提升稻田养鱼特色产业的社会知名度和影响力。同时，合作社采用标准化养殖模式，提高产品质量，做好产品的防伪打假工作，树立产业品牌，为产业的持续健康发展创造有利条件。

玉溪市江川区锦妍花卉种植专业合作社

一　合作社经营情况

花卉是云南的优势特色产业，在农业产业结构调整和农民增收致富中发挥重要作用。玉溪市江川区锦妍花卉种植专业合作社是一家专门从事鲜切花种植、销售、育苗的企业，合作社成立以来，坚持走"党组织+生产基地+合作社+贫困户"的合作创新之路。

1. 合作社基本情况

合作社位于云南省玉溪市江川区雄关乡下营村委会下营村，成立于 2016 年 12 月 2 日，注册资本 560 万元，主要种植与销售康乃馨、勿忘我等鲜切花，种植面积 520 亩。

公司自 2016 年成立至今，共吸纳建档立卡贫困户 48 户、132 人，2019 年共吸纳建档立卡贫困户 24 户、58 人，确保人均年收入 14200 元，实现了脱贫。合作社每年培训农户 300 余人次，指导及带动周边农户发展康乃馨种植 280 亩。

2. 合作社取得的成效

公司 2016 年被雄关乡评为"丽曦花卉脱贫攻坚基地"，2017 年被江川区评为"巾帼脱贫示范基地"，2017 年被江川区工商局评为"线上企业"，2018 年 10 月被玉溪市评为"农民专业合作社示范社"，2018 年 12 月被玉溪市农业局评为"农业产业化经营市级龙头企业"，2018 年 12 月被玉溪市总工会评为"玉溪市劳动技能竞赛优胜单位"，2019 年 3 月被玉溪人力资源和社会保障局及玉溪市人民政府扶贫办评为"玉溪市就业扶贫车间"。

合作社种植花卉面积 386 亩，2018 年销售鲜切花 1623 万枝，2019 年销售鲜切花 1895 万枝，繁育种苗 200 多万枝，实现销售收入 2274.3 万元。合作社已初步建成集种植、育苗、试验示范、推广、培训为一体的科普示范种植基地。

二 合作社下一步发展计划

继续扩大基础规模，优化产业结构。根据市场调查分析，引进适合市场需求、发展潜力大的花卉新品种进行种植，通过加强对技术人员的培养，保证合作社种植优良的花卉品种，以满足市场需求。

努力提升合作社的技术水平和农业化经营水平，带动江川区花卉产业实现新发展，辐射带动周边农户，吸纳更多建档立卡贫困户，使其增收致富。

随着人民生活水平的提高，其对云南特色花卉的需求增长。目前合作社与多家公司达成意向性协议，不但通过国内花卉市场进行销售，而且还将积极开拓国外市场，实现出口创汇。

文山市秉烈兵坤优质米开发农民专业合作社

一 合作社经营情况

文山市秉烈兵坤优质米开发农民专业合作社于 2014 年 3 月 27 日注册登记，注册资本 200 万元，法定代表人龙兵。到目前为止，合作社有社员

136 人，其中农民社员 136 人，占社员总数的 100%。合作社在秉烈村委会建有水稻示范种植基地 1000 亩，带动农户 1100 余户。同时，合作社建有一个大米加工厂，加工厂占地 30 亩，建筑面积 3000m²。建有一条大米精加工生产线，日满负荷加工稻谷量 30 吨，年可加工稻谷 10000 余吨，实现了生产、加工、销售一体化。2019 年合作社销售大米 900 余吨，实现销售收入 680 余万元，实现利润 68 余万元。

合作社采取"合作社 + 农户 + 基地"的运作模式，统一种植品种、统一技术管理、统一购进、统一购买化肥、统防统控、统一产品销售。合作社按照"民办、民管、民受益"的原则，采取"入社自愿、退社自由、利益共享、风险共担"的方针，以农民为主体，以市场为导向，以科技为依托，以服务为动力，实行多元化发展，按照国家级示范社创建指标运行。

为了健全内部运行机制，保证合作社健康发展，合作社先后制定了合作社章程、财务制度、社员管理制度、培训制度等多项制度，做到了制度健全、机制完善、运行规范。合作社组建以后，成立了社员大会、理事会、监事会。社员大会每年至少召开 1 次，理事会和监事会每季度召开 1 次，合作社对社员的培训每年不少于 2 次。

合作社通过订单的形式建立紧密的利益联结机制，采用"集中服务，统购统销"的经营模式，实现产、供、销一体化。目前，合作社已经开发了 3 个品种共 10 余个包装的大米产品并投放市场，合作社在文山市内建有固定销售点，对市内多家学校及超市开展配送业务。2019 年合作社建立了自己的"爱购文山"线上销售平台，并与文山市许多大米经销商订立定向供货协议，实行订单种植，实现线上、线下两条线销售。合作社主要生产资料（如肥料、农药）的采购方式为集资统一购买，这样不仅质量有保障，而且能享受最低批发价格。

合作社聘请专业财务人员，依据《农民专业合作社财务会计制度》开展日常会计核算，确保各项收支规范透明。合作社坚持民主管理的原则，接受社员的监督，实行管理民主、财务公开，保障合作社全体社员的知情权、决策权、参与权与监督权。合作社的财务和其他社务工作，在每年的社员代表大会上向全体社员公布，接受社员的监督。

二 合作社下一步发展计划

合作社计划在原来规模的基础上，继续扩大种植规模，吸收更多社员入社，扩大合作社优质稻谷的生产数量。按照"自愿互利，风险共担，利益共享"原则，与合作社社员签订产品购销协议。保障合作社大米加工厂的原料供给，把稻谷种植产业做大做强。

未来 3～5 年合作社计划新建一个 5000 亩的优质稻谷示范种植基地，规范种植，努力提高产品质量，加强品牌建设，力争把秉烈米打造成无公害、绿色农产品，推向全国。

三 其他有关情况

2019 年，合作社积极响应当地政府号召，投入人力、物力参与扶贫攻坚工作。2019 年合作社共免费发放了价值 2 万余元的物资（其中化肥 100 包、种子 200 包），并出资邀请上级技术主管部门开展"统防统治"工作，为农户户均节约防治成本 100 余元。2019 年，为增加建档立卡贫困户的收入，合作社按高出市场价的价格进行稻谷收购，为贫困户的脱贫及当地的经济发展尽了一分力。

大关县联动种养殖农民专业合作社

一 合作社经营情况

为积极响应大关县委、县政府脱贫攻坚产业发展重大决策部署，建立贫困对象稳定脱贫的长效机制，2018 年翠华镇抢抓发展机遇，结合翠屏村、黄连河村的区域气候、地理条件，因地制宜地调整产业结构，将香菇产业定位为两个村打赢脱贫攻坚仗、实现贫困户脱贫和稳定增收的支柱产业之一，"乌蒙妹妹"香菇基地因此诞生。

1. 运作模式

"乌蒙妹妹"香菇基地以"党建扶贫双推进"为引领，采取"支部 +

合作社 + 基地 + 农户"的模式标准化发展。

支部：以翠屏、黄连河党总支为引领，由两村总支书记（唐先刚、郑祥德）到香菇基地开展生产、销售，带动周边贫困户参与基地建设和香菇生产，积极培养致富带头人，积极培养入党积极分子。

合作社：以黄连河、翠屏两村建立的大关县联动种养殖农民专业合作社和大关县屏玉种养殖农民专业合作社为载体，共同出资 176.31 万元，2019 年供销资金 30 万元，东西部协作资金 20 万元，累计总投资 226.31 万元。

农户：香菇基地涵盖黄连河、翠屏两村 557 户、2327 人，实现建档立卡贫困户全覆盖。

2. 基地建设情况

基地占地 30 亩，其中大棚 43 个，占地 20 亩，大棚的有效使用面积为 10.22 亩；菌棒生产车间占地 600m²，配备菌棒生产线一套、消毒锅 3 个，年生产菌棒能力为 200 万棒；木材粉碎设备一套，能满足菌棒主要原料木屑的供应；保鲜库 200m²，配烘干设备一套，做到鲜菇有存处、干菇能生产。

3. 生产经营情况

2019 年 3 月生产鲜菇菌棒 15 万棒，出产鲜香菇 15 万斤，销售鲜香菇 6 万斤，销售干香菇 9000 斤，产值 82 万元，利润 20 万元。鲜香菇主要批发到昭通农贸市场及大关县城和各乡镇，部分销往彝良。带动周边农户务工 3000 人次，累计增加农户务工收入 30 万元。根据合作社章程和利益分配机制，2019 年将 91417 元现金和 5610 斤鲜香菇购物券按股份分配到建档立卡贫困户手中。

二 合作社下一步发展计划

合作社拟以香菇基地为中心，充分发挥合作社菌棒生产优势，进一步提升香菇品质，回收鲜香菇进行统一分拣、烘干、包装、销售，带动周边群众及周边县、乡镇发展香菇产业。计划实施食用菌产业升级发展项目，建成集科研、生产、销售于一体的食用菌菌种繁育、生产示范基地，项目总投资额为 2285 万元。

合作社计划新建食用菌菌种培育中心一个，每年向农户提供优质高产食用菌菌种 82 万瓶。培育中心占地 1500m^2，投资 390 万元。其中，工程费用 210 万元（食用菌繁育基地 140 万元、日光节能温室 70 万元）、项目仪器设备购置费用 180 万元。

合作社计划新建食用菌生产及实验基地一个，计划年生产量 500 万棒，占地 110 亩，投资 1895 万元。其中，征地费用 260 万元、基建工程费用 180 万元、大棚建设费用 577 万元、项目设备购置费用 198 万元、生产原材料购置费用 480 万元、周转资金 200 万元。

三　其他有关情况

2019 年，合作社分红 10 万余元，直接支出务工工资 40 万元，直接带动了群众脱贫增收。下一步合作社将继续抓好基地生产，拓宽销售渠道，保障入股群众收益。

马关县锦源种植专业合作社

一　合作社经营情况

马关县锦源种植专业合作社成立于 2015 年 5 月，注册资本 200 万元，主要从事猕猴桃、车厘子种植及销售。合作社一期基地面积 250 亩，社员 40 余户，如今，合作社种植面积 1100 余亩，助农增收 100 万余元，社员 119 户，其中贫困户 18 户。2016 年，合作社获评为"马关县农民合作社县级示范社"。2016 年 10 月 28 日在文山举办的创业大赛中，合作社成员赵跃代表合作社参赛，赢得了广大创业者和导师的青睐，最终获得了三等奖。2017 年合作社荣获无公害产品证书，2019 年获评"文山州农民专业合作社示范社"。合作社在当地党委政府的支持下，建立了水果冷库，实现了猕猴桃反季节销售，切实提高了农户收入。合作社采取"村两委 + 合作社 + 基地 + 农户"的发展模式，培育发展村集体经济，助推产业扶贫，发展带动农户 360 余户，其中贫困户 100 余户，在当地享有较高声誉，成为群众致富带头人。

合作社统一提供种苗、生产资料、生产技术等给社员，所提供的生产资料按现行市场价格进行定价赊给社员，待产品销售时再由合作社按市场价格进行统一回收或销售，扣除当时的成本价款后，再从利润中提取 10% 作为合作社公积金，作为合作社的技术服务和信息服务费，其余利润全部返还给社员。2019 年合作社实现经营收入 125 万元，实现利润近 20 万元，固定资产总额 108 万元，助农增收 1 万余元，比非社员收入高 30% 以上。

合作社严格按照《农民专业合作社法》的相关规定进行运作，证照齐全，有稳固的产销链条和完善的管理制度，合作社与社员之间关系紧密，利益分配合理透明，是"机构健全、制度完善、合作紧密、成员较多、基地稳定、信誉良好"的合作社。合作社有固定的办公场所，依法设立社员大会、理事会、监事会等组织机构，通过社员大会选举产生理事长、理事、监事会等人选。合作社还设有专职财务会计人员、技术人员，建立健全相关章程、管理制度、财务利益分配制度等。

二 合作社下一步发展计划

红心猕猴桃具有丰富的营养价值，对人体有一定的保健、美容、排毒、抗癌功效，被誉为"水果之王""维 C 之冠"。目前云南省内种植较少，在文山州马关县锦源种植专业合作社是第一家专业种植红心猕猴桃的合作社，合作社及时注册了商标，申请了无公害产品认证、基地认证，打造自己的猕猴桃品牌。今后，合作社将从以下几个方面发展壮大。

建立国际化标准的猕猴桃种植示范基地 150 亩，打造云南文山红心猕猴桃第一品牌。扩大种植规模，争取将南捞乡、马白镇作为合作社发展基地，带动更多农民群众脱贫致富。举办猕猴桃种植大赛、采摘大赛，结合马关马洒 3A 旅游景区建设，打造猕猴桃观光乐园，宣传合作社品牌。加强招商引资，引进优质特色水果种植，如车厘子、沃柑等水果品种，引入果业巨头在马关南山高原农业出口加工区建设水果饮料加工厂，提升产品附加值。

广南县谦益蜂业养殖农民专业合作社

一 合作社经营情况

广南县谦益蜂业养殖农民专业合作社成立于 2016 年 11 月 4 日，注册资本 250 万元，现有社员 1639 人，是一家专注于蜂类养殖技术推广、蜂产品开发和销售的农民专业合作社。合作社搭建对外技术交流平台，与大专院校开展交流合作，为社员和养殖户提供咨询服务和技术指导。合作社现有中蜂养殖示范基地 56 个、蜂群 11200 群、管理人员 102 人、技术骨干 23 人，带动建档立卡贫困户就业 53 人，带动残疾人员创业就业 10 人，业务遍及广南县、砚山县。目前，合作社已突破中蜂人工养殖多个技术难题，引诱野生蜜蜂入巢技术处于行业领先水平，实现引诱野生蜜蜂入巢 1000 群/年。

合作社始终以"发展一项产业，带动一方百姓，传授一门技能，造福一个家庭"为创社宗旨，以社员为主要服务对象，依法为社员提供农业生产资料购买，农产品销售、加工、运输、贮藏以及与农业生产经营有关的技术、信息等服务。合作社以莲城、篆角、董堡、旧莫等乡（镇）为主，带动周边其他乡（镇）村寨，大力发展中蜂科技养殖产业。2017 年，社员养殖中蜂 2500 群，扩繁蜂群 1200 群，年产蜂蜜 4350 千克，实现产品销售收入 22.1 万元，实现产品利润 － 57.24 万元；2018 年，社员养殖中蜂 3700 群，扩繁蜂群 4300 群，年产蜂蜜 24000 千克，实现产品销售收入 164.08 万元，实现产品利润 93.53 万元；2019 年，社员养殖中蜂 9900 群，扩繁蜂群 9900 群，年产蜂蜜 20000 千克，实现产品销售收入 216.08 万元，实现产品利润 96.55 万元。合作社采取"公司＋合作社＋基地＋建档立卡贫困户"的模式，将产业发展资金注入合作社，实施中蜂养殖产业扶贫项目。第一年，由合作社进行统一集中养殖，并按现代企业管理要求，建立健全管理制度，实现养殖场、贫困户持续稳定增收。由乡（镇）人民政府负责组织建档立卡贫困户参与合作社中蜂养殖技术培训，对取得结业证、有养殖条件和养殖技术、自愿申请的农户，合作社发放每户 8~16 群标准蜂群（每群 3 牌），由建档立卡贫困户分散养殖，合作社全程跟踪、全程指导。建档立卡贫困户生产的蜂蜜，合作社按不低于 100 元/千克的保底价进行回收，市场价高于保底价的，按市场价回收。对不具备分散养殖条件的，由建档立卡贫困户申请分散养殖后，再将蜂群委托合作社进行托管养殖，合作社按产业发展资金的 6% 兑现到村委会（集体经济组织）。再由集体经济组织通过考核，兑现给建档立卡贫困户。合作社的日常管理、请（休）假管理、财务管理、车辆管理等各项制度健全，步入良性发展轨道。

二 合作社下一步发展计划

到 2025 年，合作社计划在全县养殖中蜂 10 万群，年产蜂蜜 250 吨，实现综合产值 1 亿元（其中：养殖业产值 5000 万元，加工业产值 5000 万元）。建成"句町古国贡蜜"园区，引进先进生产设施，提高蜂产品质量，提升中蜂产业化发展水平和可持续发展能力。通过合作社的带动作用，基本实现全县所有乡镇中蜂产业全覆盖。

三 其他有关情况

2018 年，合作社的中蜂科技养殖项目荣获云南省"全省优秀创业创新项目""创翼之星"，以及文山州"创业兴洲梦想启航"创业大赛文山州赛区二等奖、广南县赛区一等奖；2018 年 11 月，合作社被广南县科协授予"科普示范基地"，被广南县人社局、财政局、扶贫开发局授予"扶贫车间"称号。2019 年 6 月，合作社被云南省老科技工作者协会授予"助力乡村振兴先进单位"称号。

绥江县峰顶山中药材种植专业合作社

一 合作社经营情况

绥江县峰顶山中药材种植专业合作社成立于 2016 年 3 月 28 日，注册资本 30 万元，社员 134 人。合作社现有种植面积 1200 亩，主要分布在绥江县会仪村、银厂村、黄坪村和水富县太平村，2017 年已投产 600 亩，产量 1200 吨，实现收入 288 万元，户均收入 2.1 万元。其中，建档立卡贫困户 83 户，实现产量 600 吨，收入 144 万元，户均增收 6000 元以上。

合作社坚持以"发展特色产业，带动农民致富"为宗旨，采取"合作社＋社员＋农户"的运行模式，深入推进农业供给侧结构性改革，切实把增加安全、优质中药材供给放在突出位置，狠抓中药材标准化生产、品牌创建、质量安全监管，打造精品标准园，通过示范和辐射带动作用，提升中药材产业化、标准化水平。合作社完善产品追溯体系，在生产上统一指导、统一技术，在营销上统一购销、统一市场品牌，提升中药材知名度和市场竞争力，取得了市场话语权和定价权，更好地为农民和消费者服务，促进社员增产增收。

建章立制，规范运作。合作社在运行中始终立足于绥江优势特色中药材产业，着眼于中药材提质增效，强化合作社的规范运作。一是健全组织机构，依法设立了理事会、监事会等组织机构，严格执行社员代表大会制度，遇到重大事项，由社员共同决策。建设完善了收购场地、药材仓库、办公区等基础设施，配备了办公设施和相关工作人员，为合作社的规范发展奠定了良好基础。二是健全各项规章制度，合作社在发展过程中建立健全了中药材种植生产技术规程、生产制度、财务制度、盈余返还制度等各项规章制度。三是明确责任目标，坚持原则。合作社始终遵循"入社自愿、退社自由、民主管理、利益共享、风险共担"的原则，明确了合作社与社员的职责。

强化服务，助推合作社发展。合作社成立后，紧紧围绕"为农服务"这一主题，加强对社员和周边农户的服务。合作社通过定期或不定期地举办技术培训班，开展技术咨询服务等，使社员和周边农户能够科学地管理中药材。合作社还为广大社员和农户提供有效的市场信息，大大提升了社员抵御市场风险的能力，通过统一收购、统一组织、统一销售，解决了药农"卖药难"问题，使药农提高了种植中药材的积极性。药农生产积极性的提高，反过来也促进了合作社的发展。合作社从无到有，从小到大，经受住了市场考验，已经进入快速发展的轨道，带动了当地农户收入增加，促进了农村经济的发展。

二 合作社下一步发展计划

规模化生产、标准化管理、品牌化营销，依然是合作社今后的发展方向。首先，在规模化生产中注重质量，不一味追求规模而降低产品质量，提质效增才是发展的根本。其次，在标准化管理中注重科学技术，并加大对现代农业设施的投入。最后，在品牌化营销中加强电子商务建设，借助彩云优品、优帮帮、禾苞蛋、一亩田等平台，拓宽中药材的销售渠道。

威信昆能种养专业合作社

一 合作社经营情况

威信昆能种养专业合作社位于威信县双河乡天池村长湾村民小组，于2018年1月经工商部门批准后成立，注册资本150万元，建有存栏量260头、年出栏量800头的标准圈舍。目前共有社员218户，其中建档立卡贫困户72户。2019年初合作社引进肉牛100头，能繁母牛80头，截至2019年底，实际存栏量225头。2019年，合作社实现销售收入390.8万元，产生净利润217.1万元，贫困户入股金额25万元，共计领取分红收益2.5万元。2019年，合作社支付员工和临时工工资25.4万元，提供长期就业岗位6个、临时就业岗位15个。合作社以绿色、生态、有机的方式经营，响应国家号召"绿水青山就是金山银山"，开启循环生态模式。合作社建有养牛场，贫困户可从田间割整根的玉米连杆送到养牛场获取相应的报酬。以前农户种植玉米每亩收入600元，几乎是亏本的，现在农户直接将玉米连杆卖给合作社，每亩收入1200元，比之前增加了一倍，且无须焚烧秸秆，保护了环境。合作社在养牛场上游建有酒厂，酿酒的酒糟也是牛的食物来源。牛产生的排泄物直接进入沼气池，起到了保护生态环境的效果，发酵后又可作为肥料滋养树木。

二　合作社下一步发展计划

近期计划：扩大养殖规模，引导带动更多农户参与，做到存栏量300头、年出栏量1000头；建立健全标准化饲养管理体系，取得相关认证，做到每头牛都能查到源头；加强对人员的技术培训；积极响应政府扶贫政策，带领帮助精准扶贫户和当地老百姓脱贫致富。

远期计划：打造产业价值链，实施一条龙的发展模式，实施公司品牌战略。

砚山县昊籁天岑种养殖农民专业合作社

一　合作社经营情况

砚山县昊籁天岑种养殖农民专业合作社建于2016年2月25日，法定代表人李福华，出资总额759.7324万元，占地面积50多亩，是一家主要从事牛、羊、猪、家禽养殖及销售的合作社。合作社共有社员558户，其中建档立卡贫困户469户。合作社成立以来，按照"畜禽良种化、养殖设施化、生产标准化、管理制度化、粪污无害化"的要求，在平远新建标准化肉牛养殖基地，现有从业人员20余人，其中：主要负责人1人，管理人员3人，其他工人16人。建有标准化圈舍18666m²，无公害处理室450m²，消毒室1间，饲料库2间，冻精库1间，兽医室1间，青储饲料池12000m³，生活、办公用房2000m²，购置青储饲料粉碎机、打包机、三轮车、地磅等。现存栏650余头，均为育肥牛、西门塔尔肉牛。合作社充分利用牛粪、秸秆等有机原料，与现代农业种植模式相结合，发展内部绿色循环经济，并聘请台湾地区农业专家现场指导，现已建成10亩大棚实验基地，种植日本进口品种黄妃小番茄，并在蚌峨乡建立油茶基地1000亩、香椿基地200亩、苹果基地200亩，现已初见成效。2019年合作社实现经营收入425.61万元，扣除成本后，实现利润41.87万元。

合作社吸纳当地劳动力务工，务工农户可以免费学习肉牛养殖技术。

合作社每年用工 20 余人，月工资 3000 ~ 4000 元，人均年务工收入 3.6 万 ~ 4.8 万元，带动辐射周边非合作社社员 350 户，带动户均增收 0.8 万元。

合作社依法经工商机关注册设立，合作社内部建立了社员代表大会制度、理事会工作制度、监事会工作制度、成员管理制度、议事规则管理制度、财务管理制度、盈余分配制度、学习培训制度、社务公开制度、财务公开制度等。合作社内部制度健全，成员资格明确，社务管理民主，服务功能完善，会计核算规范。

二 合作社下一步发展计划

合作社计划进一步扩大肉牛养殖规模，到 2023 年，肉牛养殖规模将达到 1000 头以上，年肉牛出栏达到 500 头以上。

积极发展合作社社员，引领带动农户脱贫致富。计划发展社员 1000 户以上，带动农户户均年增收 1 万元以上，为推动地方经济建设发展做出积极贡献。

三 其他有关情况

2017 年，合作社被评为"砚山县农民专业合作社示范社"和"文山州农民专业合作社示范社"。

元谋县云峰种养殖产销农民专业合作社

一 合作社经营情况

元谋县云峰种养殖产销农民专业合作社于 2014 年 9 月 25 日在元谋县工商行政管理局登记注册，出资总额 600 万元，法定代表人程子燕，注册地址位于元谋县老城乡尹地村委会小西村，主要业务范围为农业生产资料的购买、果蔬种植购销、畜牧业养殖及销售等。合作社现有社员 84 人，其中农民社员 74 名，占社员总数的 88.09%。2019 年，合作社社员平均实现利润 86667 元，带动周边农户 514 余户，带动建档立卡贫困户 10 户，户均增收 8000 元。合作社利用元谋县得天独厚的自然资源优势，大力发展高原特色绿色食品产业，严格按照绿色食品生产种植规程组织基地的生产和建设，发挥了在农产品生产上的巨大潜力。合作社立足元谋县向周边区域辐射，通过"合作社＋农户＋基地"的模式，引导农民群众改变传统种植产业结构，制定严格的管理制度，实行统一管理、统一指导、统一采收、统一销售，开创了多层次、全方位的产业化道路。

合作社在发展壮大的过程中，将分散农户组织起来，连片种植，变小生产为大生产。提高土地利用率，优化产业结构和种植结构，加快本地区的经济发展，增加合作社社员收入。开展多元化、多形式的合作，使个体优势转化为规模优势、资源优势转化为产业优势，促进了资源的有效利用。以"一村一品、联村联户、连片种植、为民富民"活动为契机，积极探索订单农业的发展模式。目前，合作社示范园建设以促进农民群众增收为目的，以改变传统种植产业结构为目标，积极引导合作社周边 500 多户群众大胆突破、积极探索，走种养结合的新路子，真正达到农业增效、农民增收的目的。

二　合作社下一步发展计划

合作社计划在 2020～2025 年大力发展以优质蔬菜为主的产业。到 2025 年合作社将组织连片种植 1000 亩，养殖肉牛 100 余头，对现有的蔬菜种植进行科学规范的管理，到 2025 年实现合作社销售年收入 2000 万元以上，实现利润 600 万元以上，发展合作社社员 100 名以上。合作社未来将重点接收种养殖大户、农产品加工企业、超市、民营科技组织和人员加入，建成生产、加工、销售一体化的链条。

三　其他有关情况

合作社成立以来带动种植农户 500 余户，依托示范基地带动农户种植 272 亩。现有正式员工 12 人，临时雇用员工 120 余人。合作社对员工实行绩效管理模式。在生产上，为充分体现多劳多得、奖罚分明的原则，激发员工掌握技术的积极性和工作热情，制定了一套较为科学、规范的管理制度，将各项生产任务进行细化分解，责任到人。

合作社实行"合作社＋农户＋基地"的生产经营模式，建设自有绿色蔬菜生产基地，按照"市场需要什么种（养）什么，什么赚钱种（养）什么"的思路，尊重群众主体意愿，为贫困户找准产业发展和增收路子，制定细化到户的产业发展规划，全面推进产业扶持到村、到户，免费提供种植方面的先进技术，接受农户投入部分闲置资金，给予入股分红。

合作社通过基地建设减少了旱、涝灾对农业生产的危害，改善了土壤质地，减少了农业污染。通过营建农田防护林网减少了风沙和水土流失，对调节区域小气候、美化环境、净化空气、促进农业生态工程建设具有重要的作用。同时，通过水、田、林、路综合治理，水利、农业、林业等配套措施以及田间道路工程建设，种植基地区域抵御自然灾害的能力明显提升，收到良好的生态效益。通过施有机肥，使种植基地区域内土壤的有机质含量得到提高，极大地改善了土壤理化性质，使保水、保肥能力提升。

此外，有机肥的使用减少了化肥的施用量，减轻了对周围水体的污染，对基地种植区域的生态平衡具有积极的作用。合作社充分发挥本地资源优势，通过"一村一品、连片种植"大力推进规模化、标准化、品牌化和市场化建设，使基地周边的村庄和农户拥有一个市场潜力大、区域特色明显、附加值高的主导产业。

镇雄县坤农白茶业种植农民专业合作社

一 合作社经营情况

1. 合作社发展情况

镇雄县坤农白茶业种植农民专业合作社是一家集白茶、红茶、黄茶种植、加工和销售为一体的现代农民专业合作社。合作社成立于 2016 年 5 月，注册资本 500 万元，现有股东 5 人、员工 50 人，组织架构完备。

5 年来，合作社累计投入资金 3000 余万元，在大庙村、花园村建设标准化种植基地 10028 亩，其中 6300 亩（3300 亩白茶、3000 亩黄茶）已获得中国绿色食品发展中心认证；建设育苗基地 80 亩，年可出圃合格苗 200 万株；建设茶叶加工厂房 3500m²，引进加工生产线 4 条，年可加工各类茶叶 2 万千克，茶叶初制所于 2019 年底通过县级验收。

5 年来，合作社带动大庙、花园和罗关等村 1035 户共 5775 人建档立卡贫困户加入合作社，吸纳产业扶贫资金 866.25 万元、村集体入股资金 180 万元。

2018 年合作社部分基地开始投产，截至 2019 年底，已累计实现销售额 223.86 万元，累计实现利润 46.9 万元，产品远销江苏和浙江安吉等地。

2. 合作社制度建设和机制建设

合作社自成立以来，一直注重企业制度建设。通过制度建设引领机制建设，不断在决策、激励和发展等机制建设方面进行积极探索，经过 5 年来的不断努力，合作社在生产、销售、人力资源和财务管理等方面均建立了相对完备的制度，机制建设取得了长足发展，为引领企业未来发展奠定了良好的基础。

3. 合作社经济效益、社会效益和生态效益

自成立以来，合作社的经济效益、社会效益和生态效益明显。5 年来，累计带动当地群众创收 1000 万余元，带动建档立卡贫困户 168 户共 289 人就业，稳定就业 31 人，使建档立卡贫困户增收 380 万元。仅 2018～2019 年就兑现建档立卡贫困户入股本金 7% 的保底分红 69.205 万元、村集体入股分红 12.6 万元，实现建档立卡贫困户专项扶贫产业资金和村集体经济保值增值，践行了"绿水青山就是金山银山"的发展理念。2025 年白茶进入丰产期，预计可实现产值 1.2 亿元，提供稳定就业岗 150 余个、临时就业岗位 1200 余个，直接受益群众 6000 人以上。

二 合作社下一步发展计划

结合国内外政治经济环境和近年来茶叶市场尤其是白茶市场的竞争态势，合作社未来 3～5 年的发展战略以品牌战略为核心，紧紧围绕品牌、营销、企业文化、人力资源和财务 5 个方面来发展，具体如下。

品牌战略：坚持以优质的产品和诚信的服务赢得市场和客户，在企业

的各项经营活动及与消费者沟通的各个节点上不断传播品牌核心价值理念，不断提升品牌的知名度、美誉度和忠诚度。

营销战略：合作社采取"党支部＋合作社＋基地＋农户＋品牌运公司"的全产业链经营模式，积极融入中国茶产业链生态系统，力争成为品牌价值十亿元级企业。

企业文化战略：目标是实现企业规模集团化，发展方式多元化。

人力资源战略：建立强有力的营销团队，储备人才，加强才梯队建设，培养或引进一批专业的管理人才与技术专才，留住人才，创造人才，建立科学可行的晋升通道，提升个人价值，健全公司薪酬及劳动保障体系，科学用人，承担社会责任。

财务战略：投资紧跟产业延伸，筹资主要依赖股东；在财务监管方面，绝不为追求短期利益而损害长期利益，努力使财务风险降到最低水平。

合作社未来 5 年的投资计划：计划投资 1000 万元，其中 300 万元用于新建厂房 $2000m^2$，200 万元用于引进先进生产线，200 万元用于建设冷库一座，300 万元用于未来 3 年的品牌推广。

三 其他有关情况

5 年来，合作社累计捐款 30 余万元，主要用于镇雄县罗坎镇脱贫攻坚、村级办公环境改善和当地教育事业发展。

参考文献

[1] 艾睿楠：《中国企业"走出去"的区域格局分析》，《管理观察》2015年第1期。

[2] 艾睿楠：《组织信任与员工绩效的相关性研究》，硕士学位论文，首都经济贸易大学，2015。

[3] 白立忱：《外国农业合作社》，中国社会出版社，2006。

[4] 曹阳、姚仁伦：《自由退出权、组织稳定、组织效率——兼论合作社为什么难以成为我国当前农村经济的主流组织形态》，《华中师范大学学报》（人文社会科学版）2008年第4期。

[5] 岑家峰、李东升：《精准扶贫视域下资产收益扶贫的减贫效应——基于桂南LN养殖合作社的考察》，《开发研究》2018年第2期。

[6] 陈共荣、沈玉萍、刘颖：《基于BSC的农民专业合作社绩效评价指标体系构建》，《会计研究》2014年第2期。

[7] 陈宏伟：《农民合作社产业扶贫参与行为研究——以江西罗霄山区为例》，硕士学位论文，安徽财经大学，2018。

[8] 陈杰：《广西贫困户参与农民合作社意愿研究》，硕士学位论文，广西大学，2017。

[9] 陈俊梁：《农民专业合作社治理结构研究》，《安徽农业大学学报》（社会科学版）2010年第4期。

[10] 陈莉、钟玲：《农民合作社参与扶贫的可行路径——以小农为基础的农业产业发展为例》，《农村经济》2017年第5期。

［11］陈小丽：《基于多层次分析法的湖北民族地区扶贫绩效评价》，《中南民族大学学报》（人文社会科学版）2015 年第 3 期。

［12］陈燕、任晓冬、李晟之：《新形势下社员对专业合作社参与程度、合作行为与意愿分析——基于贵州省五个合作社的案例分析》，《农村经济》2019 年第 1 期。

［13］程克群、孟令杰：《农民专业合作社绩效评价指标体系的构建》，《经济问题探索》2011 年第 3 期。

［14］崔宝玉、李晓明：《异质性合作社内源型资本供给约束的实证分析——基于浙江临海丰翼合作社的典型案例》，《财贸研究》2008 年第 4 期。

［15］崔宝玉、刘峰、杨模荣：《内部人控制下的农民专业合作社治理——现实图景、政府规制与制度选择》，《经济学家》2012 年第 6 期。

［16］崔宝玉：《农民专业合作社的治理逻辑》，《华南农业大学学报》（社会科学版）2015 年第 2 期。

［17］崔宝玉、谢煜：《农民专业合作社："双重控制"机制及其治理效应》，《农业经济问题》2014 年第 6 期。

［18］崔晓红、张玉鑫：《浅析新型农业合作社的性质与法律地位》，《农业经济》2017 年第 1 期。

［19］丁建军：《对农民专业合作社内部治理几个问题的思考——基于湖北省荆门市农民专业合作社的调查》，《农村经济》2010 年第 3 期。

［20］丁士军、史俊宏：《全球化中的大国农业：英国农业》，中国农业出版社，2013。

［21］丁守海、蒋家亮：《家庭劳动供给的影响因素研究：文献综述视角》，《经济理论与经济管理》2012 年第 12 期。

［22］丁晓蕾、王维林：《后精准扶贫时代下农民合作社的可持续发展探析——以陕西省 t 县为例》，《农村经济与科技》2019 年第 13 期。

［23］董晓波：《农民专业合作社高管团队集体创新与经营绩效关系的实证研究》，《农业技术经济》2010 年第 8 期。

［24］董一眉、曾佑新、浦徐进：《合作社中农户搭便车现象的治理：压力、

声誉和行为引导》，《安徽农业科学》2011 年第 3 期。

[25] 范远江、杨贵中：《农民专业合作社绩效评价研究综述》，《经济研究导刊》2011 年第 7 期。

[26] 方玲玲、张云霞：《城镇居民参与社区教育意愿影响因素分析——基于 Logistic 回归模型》，《教育学术月刊》2020 年第 4 期。

[27] 房茂涛：《组织间信任对企业技术创新绩效影响研究：网络外部智力资本获取的中介视角》，博士学位论文，首都经济贸易大学，2016。

[28] 甘林针、程荣竺：《农民合作社社员间信任程度与合作满意度的灰色关联分析》，《农村经济学》2016 年第 14 期。

[29] 高波、王善平：《财政扶贫资金综合绩效评价体系研究》，《云南社会科学》2014 年第 5 期。

[30] 高雅、吴晨、原莹：《农户选择退出合作社意愿的影响因素及差异性分析——基于 Probit 模型和粤、皖两省农户的调查数据》，《山西财经大学学报》（经济与管理科学版）2014 年第 7 期。

[31] 耿玉芳：《农民专业合作社组织信任研究——以中部林县为例》，硕士学位论文，华中农业大学，2015。

[32] 官哲元：《论农民专业合作社的性质、作用和研究范式》，《社会科学论坛》2014 年第 1 期。

[33] 桂玉：《农民合作社扶贫机制的构建》，《华北水利水电大学学报》（社会科学版）2017 年第 1 期。

[34] 郭春丽、赵国杰：《基于成员异质性的农民专业合作社知识管理模式的研究》，《电子科技大学学报》（社会科学版）2010 年第 2 期。

[35] 郭红东、陈敏：《农户参与专业合作社的意愿及影响因素》，《商业研究》2010 年第 6 期。

[36] 郭红东、杨海舟、张若健：《影响农民专业合作社社员对社长信任的因素分析——基于浙江省部分社员的调查》，《中国农村经济》2008 年第 8 期。

[37] 苑鹏：《农民合作社可持续发展模式探析——以法国最大奶农合作社索迪雅（Sodiaal）为例》，《农村经济》2018 年第 5 期。

［38］ 韩国民、高颖：《西部地区参与式扶贫与农民专业合作社发展的互动研究》，《农村经济》2009 年第 10 期。

［39］ 韩喜平、李恩：《异质性视角下两种类型合作社动力系统构造》，《社会科学辑刊》2012 年第 5 期。

［40］ 韩育良：《一门新兴经济学科的兴起——评〈合作经济学概论〉》，《经济学动态》1990 年第 9 期。

［41］ 胡振华、黄锦明、罗建利：《基于委托代理关系的农民专业合作社治理问题分析》，《广西大学学报》（哲学社会科学版）2013 年第 3 期。

［42］ 黄承伟：《党的十八大以来脱贫攻坚理论创新和实践创新总结》，《中国农业大学学报》（社会科学版）2017 年第 5 期。

［43］ 黄季焜、邓衡山、徐志刚：《中国农民专业合作经济组织的服务功能及其影响因素》，《管理世界》2010 年第 5 期。

［44］ 黄珺、朱国玮：《异质性成员关系下的合作均衡——基于我国农民合作经济组织成员关系的研究》，《农业技术经济》2007 年第 5 期。

［45］ 黄林、李康平：《扶贫经验的国际比较：农民组织化建设的视角》，《当代世界》2017 年第 4 期。

［46］ 黄少安、韦倩：《合作与经济增长》，《经济研究》2011 年第 8 期。

［47］ 黄胜忠：《关于〈农民专业合作社法〉修订完善的几点思考》，《中国农民合作社》2015 年第 3 期。

［48］ 黄胜忠、林坚、徐旭初：《农民专业合作社治理机制及其绩效实证分析》，《中国农村经济》2008 年第 3 期。

［49］ 黄彦博：《基于信任与绩效的图书馆联盟成员合作机制研究》，《图书馆学研究》2012 年第 4 期。

［50］ 黄宗智：《中国农业面临的历史性契机》，《读书》2006 年第 10 期。

［51］ 黄祖辉、高钰玲：《农民专业合作社服务功能的实现程度及其影响因素》，《中国农村经济》2012 年第 7 期。

［52］ 焦克源、吴俞权：《农村专项扶贫政策绩效评估体系构建与运行——以公共价值为基础的实证研究》，《农村经济》2014 年第 9 期。

［53］ 孔祥智：《农业供给侧结构性改革的基本内涵与政策建议》，《改革》

2016 年第 2 期。

[54] 雷岁江、孙荣：《业主合作、业主信任与 HOAs 制度绩效》，《软科学》2012 年第 10 期。

[55] 黎莉莉：《重庆市农民合作社可持续发展影响分析》，《中国农业资源与区划》2018 年第 5 期。

[56] 李道和、陈江华：《农民专业合作社绩效分析——基于江西省调研数据》，《农业技术经济》2014 年第 12 期。

[57] 李芬、李子强、龙通文：《农民专业合作社扶贫绩效研究——以坝山村合作社为例》，《产业与科技论坛》2018 年第 6 期。

[58] 李洪涛、孙元欣：《信任、合作与企业绩效》，《现代管理科学》2013 年第 3 期。

[59] 李慧雯：《农民资金合作社的组织性质及其监管框架》，《知识经济》2016 年第 11 期。

[60] 李剑、黄蕾、杨程丽：《基于 Logistic 模型下农民专业合作经济组织社员退出意愿的影响因素分析——以江西省为例》，《农业技术经济》2012 年第 7 期。

[61] 李苗、崔军：《中央财政专项扶贫资金绩效评价指标体系构建》，《行政管理改革》2017 年第 10 期。

[62] 李敏、王礼力、郭海丽：《农户参与合作社意愿的影响因素分析——基于陕西省杨凌示范区的数据》，《云南社会科学》2015 年第 3 期。

[63] 李宁、严进、金鸣轩：《组织内信任对任务绩效的影响效应》，《心理学报》（哲学与人文科学版）2006 年第 5 期。

[64] 李如春、陈绍军：《农民合作社在精准扶贫中的作用机制研究》，《河海大学学报》（哲学社会科学版）2017 年第 2 期。

[65] 李桃：《经济理性、生存智慧与行为逻辑——农民专业合作社内部中小社员"搭便车"行为探究》，《宏观经济研究》2014 年第 2 期。

[66] 李兴华、贺艺、薛从庆等：《贫困地区乡村旅游与精准扶贫融合发展研究——以麻阳苗族自治县为例》，《湖南农业科学》2017 年第 11 期。

[67] 连宝典：《公司与合作社内部治理结构的比较研究》，硕士学位论文，

福建师范大学，2003。

[68] 梁剑峰、李静：《农民专业合作社法人治理结构的冲突与优化》，《经济问题》2015 年第 1 期。

[69] 梁巧、黄祖辉：《关于合作社研究的理论和分析框架：一个综述》，《经济学家》2011 年第 12 期。

[70] 梁巧、吴闻、刘敏等：《社会资本对农民合作社社员参与行为及绩效的影响》，《农业经济问题》2014 年第 11 期。

[71] 廖成林、仇明全：《敏捷供应链背景下企业合作关系对企业绩效的影响》，《南开管理评论》2007 年第 1 期。

[72] 廖文梅、曹国庆、孔凡斌：《农民专业合作社助力于产业化精准扶贫的创新模式研究——以江西省石城县为例》，《农业考古》2016 年第 6 期。

[73] 廖媛红：《农民专业合作社的内部信任、产权安排与成员满意度》，《西北农林科技大学学报》（社会科学版）2013 年第 5 期。

[74] 林坚、黄胜忠：《成员异质性与农民专业合作社的所有权分析》，《农业经济问题》2007 年第 10 期。

[75] 林坚、王宁：《公平与效率：合作社组织的思想宗旨及其制度安排》，《农业经济问题》2002 年第 9 期。

[76] 刘滨、陈池波、杜辉：《农民合作社绩效度量的实证分析——来自江西省 22 个样本合作社的数据》，《农业经济问题》2009 年第 2 期。

[77] 刘丹：《农民专业合作社不同类型社员间合作满意度对其信任发展的中介作用研究》，硕士学位论文，四川农业大学，2015。

[78] 刘海波：《发展农民合作社打造精准脱贫新引擎》，《中国农民合作社》2017 年第 6 期。

[79] 刘乐英：《社员信任对农民合作社增收绩效的影响研究》，硕士学位论文，湖南农业大学，2014。

[80] 刘少红：《知识型员工的组织内信任与工作绩效的关系研究》，硕士学位论文，南京师范大学，2013。

[81] 刘淑枝：《福建农民专业合作社运营绩效评价研究》，硕士学位论文，

福建农林大学，2012。

[82] 刘同山、苑鹏：《农民合作社是有效的益贫组织吗?》，《中国农村经济》2020 年第 5 期。

[83] 刘易勤：《农民专业合作社组织内信任的前因及其对合作意愿的影响研究》，硕士学位论文，浙江财经大学，2016。

[84] 刘宇翔：《农民合作社发展中信任的影响因素分析——以陕西省为例》，《农业经济问题》2012 年 9 期。

[85] 柳清瑞、刘淑娜、郝婧等：《少子老龄化背景下年龄管理的理论与政策》，《辽宁大学学报》（哲学社会科学版）2019 年第 2 期。

[86] 吕国范：《中原经济区资源产业扶贫模式研究》，博士学位论文，中国地质大学，2014。

[87] 罗朝健：《关系治理与农民专业合作社成长》，《中国集体经济》2015 年第 1 期。

[88] 马超峰、张兆安：《退出与呼吁：合作社的功能转变与治理变革——基于 SH 镇农心合作社的个案观察》，《农村经济》2018 年第 2 期。

[89] 马俊驹：《立法为合作社发展提供更大空间》，《中国合作经济》2007 年第 1 期。

[90] 马彦丽、施轶坤：《农户加入农民专业合作社的意愿、行为及其转化——基于 13 个合作社 340 个农户的实证研究》，《农业技术经济》2012 年第 6 期。

[91] 梅付春、刘福建、杨明忠：《信阳市农民专业合作经济组织运行绩效评价》，《河南农业科学》2010 年第 3 期。

[92] 秦德智、姚岚、邵慧敏：《基于现代企业制度的农民专业合作社治理研究》，《经济问题探索》2016 年第 4 期。

[93] 邵科、郭红东、黄祖辉：《农民专业合作社组织结构对合作社绩效的影响——基于组织绩效的感知测量方法》，《农林经济管理学报》2014 年第 1 期。

[94] 邵科、黄祖辉：《农民专业合作社成员参与行为、效果及作用机制》，《西北农林科技大学学报》（社会科学版）2014 年第 6 期。

［95］ 邵科、徐旭初、黄祖辉：《农民专业合作社成员异质性与参与动机》，《青岛农业大学学报》（社会科学版）2013 年第 4 期。

［96］ 邵科、于占海：《农民合作社在促进产业精准脱贫中的功能机制、面临问题与政策建议》，《农村经济》2017 年第 7 期。

［97］ 孙芳、李永亮、李懿：《农户参与农业微观组织意愿影响因素分析》，《农村经济》2013 年第 2 期。

［98］ 孙亚范：《农民专业合作社治理中的社员参与意愿影响因素研究——基于江苏省的调查数据》，《经济问题》2014 年第 3 期。

［99］ 孙艳华、林凌：《基于社员视角的农民专业合作社内部信任研究》，《农村经济》2014 年第 10 期。

［100］ 孙艳华、禹城荣：《农民专业合作社内部信任结构特征及其优化》，《湖南农业大学学报》（社会科学版）2014 年第 4 期。

［101］ 谭启平：《论合作社的法律地位》，《现代法学》2005 年第 4 期。

［102］ 谭智心、孔祥智：《不完全契约、内部监督与合作社中小社员激励——合作社内部"搭便车"行为分析及其政策含义》，《中国农村经济》2012 年第 7 期。

［103］ 唐建兵：《集中连片特困地区资源产业精准扶贫机制研究——以四川藏区为例》，《四川民族学院学报》（社会科学版）2016 年第 2 期。

［104］ 田晓涵、井立义：《合作社参与扶贫的东平探索》，《农村经营管理》2016 年第 10 期。

［105］ 王敏、高建中：《农民对专业合作社信任成本的维度关系研究》，《世界农业》2014 年第 9 期。

［106］ 王鹏、霍学喜：《合作社中农民退社的方式及诱因分析——基于渤海湾优势区苹果合作社 354 位退社果农的追踪调查》，《中国农村观察》2012 年第 5 期。

［107］ 王任、陶冶、冯开文：《贫困农户参与农民专业合作社减贫增收的机制》，《中国农业大学学报》（农业科技版）2020 年第 10 期。

［108］ 王善平、金妍希：《反贫能力导向的财政扶贫绩效审计研究》，《湘潭大学学报》（哲学社会科学版）2013 年第 3 期。

[109] 王曙光：《构建真正的合作金融：合作社信用合作模式与风险控制》，《农村经营管理》2014 年第 5 期。

[110] 王曙光：《论新型农民合作组织与农村经济转型》，《北京大学学报》（哲学社会科学版）2010 年第 3 期。

[111] 王秀婧：《公私合作项目中信任与绩效的相关性研究——基于 VFM 绩效评价思想》，硕士学位论文，西安建筑科技大学，2014。

[112] 王艳林：《市场交易的基本原则——〈中国反不正当竞争法〉第 2 条第 1 款释论》，《政法论坛》2001 年第 6 期。

[113] 吴彬、徐旭初：《农民专业合作社的益贫性及其机制》，《农村经济》2009 年第 3 期。

[114] 吴定玉：《农业合作社：新世纪反贫困的组织支撑》，《农业经济》2000 年第 8 期。

[115] 徐峰：《农民合作社是农业产业精准扶贫的生力军——铭顺果蔬专业合作社帮扶贫困户脱贫记》，《农机质量与监督》2016 年第 7 期。

[116] 徐建春、李长斌、徐之寒等：《农户加入土地股份合作社意愿及满意度分析——基于杭州 4 区 387 户农户的调查》，《中国土地科学》2014 年第 10 期。

[117] 徐莉萍、凌彬、谭天瑜：《我国农村扶贫利益共同体综合绩效评价模式研究》，《农业经济问题》2013 年第 12 期。

[118] 徐麟辉：《甘肃省：加强政策制定扶持农民合作社快速发展》，《中国农民合作社》2015 年第 8 期。

[119] 徐孝勇、赖景生、寸家菊：《我国西部地区农村扶贫模式与扶贫绩效及政策建议》，《农业现代化研究》2010 年第 2 期。

[120] 徐旭初、金建东：《联合社何以可能——基于典型个案的实践逻辑研究》，《农业经济问题》2021 年第 1 期。

[121] 徐旭初：《厘清合作社发展内核》，《农村经营管理》2012 年第 8 期。

[122] 徐旭初：《农民合作社何以可持续发展》，《中国农民合作社》2014 年第 4 期。

[123] 徐旭初、吴彬：《治理机制对农民专业合作社绩效的影响——基于

浙江省 526 家农民专业合作社的实证分析》,《中国农村经济》2010年第 5 期。

[124] 徐旭初:《在脱贫攻坚中发挥农民合作社的内源作用》,《中国农民合作社》2016 年第 2 期。

[125] 徐旭初、周晓丽:《基于社员角度的农民专业合作社内部信任的影响因素研究》,《商场现代化》2011 年第 16 期。

[126] 许小桦、雷国铨:《大集体还是少数派?——农民合作社的嵌入性与可持续性发展分析》,《农业农村部管理干部学院学报》(经济与管理科学)2019 年第 4 期。

[127] 严进:《信任与合作——决策与行动的视角》,航空工业出版社,2007。

[128] 伊藤顺一、包宗顺、苏群:《农民专业合作社的经济效果分析——以南京市西瓜合作社为例》,《中国农村观察》2011 年第 5 期。

[129] 尹贻林、徐志超:《信任、合作与工程项目管理绩效关系研究——来自承发包双方独立数据的证据》,《工业工程与管理》2014 年第 4 期。

[130] 袁久和:《农民专业合作社中的委托代理关系与治理机制研究》,硕士学位论文,华中农业大学,2013。

[131] 袁伟民、唐丽霞:《农民合作社资产收益扶贫:理论阐释与路径创新》,《西北农林科技大学学报》(社会科学版)2020 年第 5 期。

[132] 袁宇星、侯宇、刘斌等:《扶贫互助合作社运作绩效分析——以湖北省罗田县四个试点村为例》,《现代商贸工业》2012 年第 17 期。

[133] 苑鹏:《发展农民合作社与应对小农户生产的三大挑战》,《中国农民合作社》2020 年第 3 期。

[134] 苑鹏:《合作社参与精准扶贫的创新实践》,《中国农民合作社》2019年第 1 期。

[135] 张晋华、冯开文、黄英伟:《农民专业合作社对农户增收绩效的实证研究》,《中国农村经济》2012 年第 9 期。

[136] 张俊浩:《市场制度与中国大陆的私法》,《政法论坛》1994 年第 6 期。

[137] 张蓝戈:《家长式领导、员工信任及工作绩效的关系研究》,硕士学

位论文，吉林大学，2015。

[138] 张晓山：《农民合作社可持续发展需重视的几个问题》，《农村经营管理》2015 年第 4 期。

[139] 赵玻、陈阿兴：《美国新一代合作社：组织特征、优势及绩效》，《农业经济问题》2007 年第 11 期。

[140] 赵佳荣：《农民专业合作社：绩效及组织、环境改进》，硕士学位论文，湖南农业大学，2009。

[141] 赵凯：《论农民专业合作社社员的异质性及其定量测定方法》，《华南农业大学学报》（社会科学版）2012 年第 4 期。

[142] 赵晓峰：《新时代如何推进农民合作社可持续发展》，《国家治理》2019 年第 37 期。

[143] 赵晓峰、邢成举：《农民合作社与精准扶贫协同发展机制构建：理论逻辑与实践路径》，《农业经济问题》2016 年第 4 期。

[144] 郑丹、王伟：《我国农民专业合作社发展现状、问题及政策建议》，《中国科技论坛》2011 年第 2 期。

[145] 钟颖琦、黄祖辉、吴林海：《农户加入合作社意愿与行为的差异分析》，《西北农林科技大学学报》（社会科学版）2016 年第 6 期。

[146] 仲亮：《农民对专业合作经济组织信任研究》，硕士学位论文，西北农林科技大学，2013。

[147] 周晓东：《农民专业合作经济组织：治理机制与变迁逻辑》，《改革与战略》2013 年第 10 期。

[148] 庄天慧、陈光燕、蓝红星：《民族地区现代文明生活方式视域下的扶贫绩效研究——以小凉山彝区为例》，《贵州社会科学》2014 年第 11 期。

[149] 庄天慧、张海霞、余崇媛：《西南少数民族贫困县反贫困综合绩效模糊评价——以 10 个国家扶贫重点县为例》，《西北人口》2012 年第 3 期。

[150] 左云鹤：《论农民专业合作社的性质》，《长春师范学院学报》（人文与社会科学版）2013 年第 3 期。

[151] Barney, J., "Firm Resources and Sustained Competitive Advantage," *Journal of Management*, 17 (1), 1991, pp. 99 – 120.

[152] Basu, P. & Chakraborty, J., "Land, Labor, and Rural Development: Analyzing Participation in India's Village Dairy Cooperatives," *The Professional Geographer*, 60 (3), 2008, pp. 299 – 313.

[153] Condon, M., "The Methodology and Requirements of a Theory of Modern Cooperative Enterprise," *Journal of Political*, 17 (3), 1987, pp. 1 – 32.

[154] Eilers, C. & Hanf, C. H., *Contracts Between Farmers and Farmers' Processing Cooperatives: A Principal-Agent Approach for the Potato Starch Industry* [M]. Physica-Verlag HD, 1999.

[155] Eriksson, N. E., Wih, J., Arrenda H. and Strandhede, S. O., "Sensitization to Various Tree Pollen Allergens in Sweden," *A Multi-Centre Study*, (4), 2007, pp. 108 – 118.

[156] Getnet, K. & Anullo, T., "Agricultural Cooperatives and Rural Livelihoods: Evidence From Ethiopia," *Annals of Public and Cooperative Economics*, 83 (2), 2012, pp. 181 – 198.

[157] Hakelius, K., "Individual Equity Capital of Agricultural Cooperatives," *Review of International Cooperation*, 91, 1998, pp. 48 – 54.

[158] Hannan, R., "Good Cooperative Governance: The Elephant in the Room with Rural Poverty Reduction," *Journal of International Development*, 26 (5), 2014, pp. 701 – 712.

[159] Harris, A., Stefanson, B. & Fulton, M., "New Generation Cooperatives and Cooperative Theory," *American Cooperation*, 11, 2010, pp. 15 – 29.

[160] Iliopoulos, C. & Cook, M. L., "The Efficiency of Internal Resource Allocation Decisions in Customer-owned Firms: The Influence Costs Problem," 3rd Annual Conference of the International Society for New Institutional Economics, Sep. 16 – 18, 1999.

[161] Jensen, L., Mclaughlin, D. K. & Slack, T., "Rural Poverty: The Persisting Challenge," in D. L. Brown and L. E. Swanson (Eds.) *Challen-*

ges for Rural America in the Twenty-First Century, University Park, PA: Pennsylvania State University Press, 2003.

[162] Jitmun, T. , Kuwornu, J. K. M. & Datta, A. et al. , "Factors Influencing Membership of Dairy Cooperatives: Evidence from Dairy Farmers in Thailand," Journal of Cooperative Organization and Management, 8 (1), 2020, p. 100109.

[163] Karantininis, K. & Zago, A. , "Cooperatives and Membership Commitment: Endogenous Membership in Mixed Duopolies," American Journal of Agricultural Economics, 83 (5), 2001, pp. 1266 – 1272.

[164] Majee, W. & Hoyt, A. , "Cooperatives and Community Development: A Perspective on the Use of Cooperatives in Development," Journal of Community Practice, 19 (1), 2011, pp. 48 – 61.

[165] Murray Fulton, "The Future of Canadian Agricultural Cooperatives: A Property Rights Approach," American Journal of Agricultural Economics, 77 (5), 1995, pp. 1144 – 1152.

[166] Olson, M. , "The Logic of Collective Action," Applied Economics, 355 (1403), 1971, pp. 1593 – 1597.

[167] Ozdemir & Gulen, "Women's Cooperatives in Turkey," Procedia-Social and Behavioral Sciences, 81 (1), 2013, pp. 300 – 305.

[168] Peter, R. , "Argentine Worker Cooperatives in Civil Society: A Challenge to Capital-labor Relations," Working USA: The Journal of Labor and Society, 13 (1), 2010, pp. 77 – 105.

[169] Pinto, J. K. , Slevin, D. P. & Brent, E. , "Trust in Projects: An Empirical Assessment of Owner/Contractor Relationships," International Journal of Project Management, 27 (6), 2008, pp. 638 – 648.

[170] Polachek, S. W. , "Occupational Self-Selection: A Human Capital Approach to Sex Differences in Occupational Structure," The Review of Economics and Statistics, 63 (1), 1981, pp. 60 – 69.

[171] Rhodes, V. J. , "The Large Agricultural Cooperative as a Competitor,"

American Journal of Agricultural Economics, 65 (5), 1983, pp. 1090 – 1095.

[172] Ruben, R. & Heras, J., "Social Capital, Governance And Performance of Ethiopian Coffee Cooperatives," *Annals of Public and Cooperative Economics*, 83 (4), 2012, pp. 463 – 484.

[173] Sonja, Novkovic, "Reflections on the International Symposium of Cooperative Governance," *Journal of Cooperative Organization and Management*, 1 (2), 2013, pp. 93 – 95.

[174] Wendy Wong, "A Single Gene Network Accurately Predicts Phenotypic Effects of Gene Perturbation in Caenorhabditis Elegans," *Nature Genetics*, (3), 2008, pp. 110 – 118.

后　记

　　本书是 2020 年云南省高层次人才培养支持计划"青年拔尖人才"专项、国家社会科学基金项目"基于农民合作社的西南边疆民族地区返贫阻断机制研究"（19BSH153）的阶段性研究成果。借此机会，感谢各位领导和同事们的大力支持，感谢社会科学文献出版社高雁、颜林柯两位编辑，没有他们，本书不可能顺利出版。同时，感谢云南大学秦德智教授、陈军、何梦丹、陈婷婷、姚健，感谢中共连云港市委党校市情研究室徐阳，感谢云南师范大学侯竺君、张思滕、王紫阳、王书枝，他们在本书构思、资料收集、数据处理等工作中付出了辛勤的汗水。最后，谨以此书献给关注、关心和热爱反贫困事业的人们。

图书在版编目（CIP）数据

反贫困治理：农民合作社发展研究 / 李正彪，邵慧
敏著. -- 北京：社会科学文献出版社，2022.2
ISBN 978 - 7 - 5201 - 9635 - 2

Ⅰ.①反… Ⅱ.①李… ②邵… Ⅲ.①农业合作社 -
发展 - 研究 - 中国 Ⅳ.①F321.42

中国版本图书馆 CIP 数据核字（2022）第 006900 号

反贫困治理：农民合作社发展研究

著　　者 / 李正彪　邵慧敏

出 版 人 / 王利民
组稿编辑 / 高　雁
责任编辑 / 颜林柯
责任印制 / 王京美

出　　版 / 社会科学文献出版社·经济与管理分社（010）59367226
　　　　　　地址：北京市北三环中路甲 29 号院华龙大厦　邮编：100029
　　　　　　网址：www.ssap.com.cn
发　　行 / 社会科学文献出版社（010）59367028
印　　装 / 三河市尚艺印装有限公司

规　　格 / 开　本：787mm × 1092mm　1/16
　　　　　　印　张：11.5　字　数：174 千字
版　　次 / 2022 年 2 月第 1 版　2022 年 2 月第 1 次印刷
书　　号 / ISBN 978 - 7 - 5201 - 9635 - 2
定　　价 / 138.00 元

读者服务电话：4008918866